工业企业上云应用指南

宁波市经济和信息化委员会　编著

人民邮电出版社
北　京

图书在版编目（CIP）数据

工业企业上云应用指南 / 宁波市经济和信息化委员会编著. -- 北京 : 人民邮电出版社, 2019.1（2019.10重印）
ISBN 978-7-115-50179-0

Ⅰ. ①工… Ⅱ. ①宁… Ⅲ. ①工业企业管理－现代化管理－指南 Ⅳ. ①F406.14-62

中国版本图书馆CIP数据核字(2018)第264761号

内 容 提 要

本书主要用于指导工业企业如何应用工业云平台（以下简称为“上云”）。第一章主要介绍工业企业上云的必要性和未来趋势，帮助读者了解上云的商业价值；第二、三、四章主要讲解云平台的架构体系以及云应用的成熟度，帮助读者了解云平台的服务模式；第五、六章主要分析工业企业上云的应用场景和云平台服务商案例，帮助读者从实践中学习相关知识。

本书主要面向想要了解云平台的读者和工业企业，帮助企业在数字化、网络化、智能化方向上获得高质量发展，为企业带来创新机遇。

◆ 编　　著　宁波市经济和信息化委员会
　责任编辑　李　莎
　责任印制　马振武

◆ 人民邮电出版社出版发行　　北京市丰台区成寿寺路 11 号
　邮编　100164　　电子邮件　315@ptpress.com.cn
　网址　http://www.ptpress.com.cn
　北京虎彩文化传播有限公司印刷

◆ 开本：880×1230　1/32
　印张：4.375
　字数：92 千字　　　　2019 年 1 月第 1 版
　印数：6 501 – 6 800 册　　　　2019 年10月北京第 3 次印刷

定价：39.00 元

读者服务热线：(010)81055410　印装质量热线：(010)81055316
反盗版热线：(010)81055315
广告经营许可证：京东工商广登字 20170147 号

主编单位

宁波市经济和信息化委员会

指导单位

中国电子技术标准化研究院

编写单位

宁波市大数据管理局
浙江中之杰智能系统有限公司
浙江文谷软件有限公司
宁波市8718中小企业公共服务平台

支持单位

腾讯云计算（北京）有限责任公司
华为技术有限公司
中国电信集团公司
中国移动通信集团公司
中国联合网络通信集团有限公司
航天云网科技发展有限责任公司
阿里云计算有限公司

编写组

组　长：陈炳荣
副组长：叶春华
编　委：严继锋　周　平　王志鹏　俞文群　苏玉学　谭回清
叶朝伟　郑　波　宋亚凯　张　良　张　威　陈　栋
徐振华　张继平　苏玉军　李耀华　贺　若　张俊飞
赵华锋　彭　俊　曾　艳　魏　芳　张　会　贾庚泉
黄启春　朱　航　李鋆琦

工业云平台发展
带来新的机遇

当前，随着中国经济走向新常态，经济发展将更多依靠创新驱动，并将出现更多的新业态、新模式。新一代信息技术、高端装备制造等新兴产业将成为经济增长的新亮点。制造业是国民经济的主体，是立国之本、兴国之器、强国之基。随着“一带一路”“中国制造2025”“互联网+”的加速推进，以及智能制造、小微企业扶持、技术改造等政策措施的不断推出与落实，我国工业企业创新发展迎来了一个新时代。

通过新一代信息技术、互联网与现代工业技术深度融合，逐步形成工业互联网。工业互联网给企业带来了新的机遇和挑战，是工业企业数字化、网络化、智能化的重要载体，也是全球新一轮产业发展的重要方向。工业互联网通过构建连接机器、物、人、信息系统的基础网络，实现工业数据的综合感知、动态传输、全面集成、实时分析，促进科学决策、智能控制、精准执行，提高制造资源的配置效率。

工业云平台是工业互联网实施落地与生态构建的一个关键载体，同时也是面向工业企业的关键需求和工业企业上云的落地工具。具体而言，工业云平台是面向工业企业数字化、网络化、智能化需求，构建基于海量数据采集、汇聚、分析和服务体系，支撑制造资源泛在连接、弹性供给、高效配置的开放式平台。在此基础上，亦可以发展形成基于云计算的开放式、可扩展的工业操作系统。我国的航天科工、三一重工、海尔集团和国外的通用电气公司（General Electric Company，GE）、西门子等领军企业凭借长久的经验积累、先进技术储备、生态链，整合“供应商+应用开发者+海量用户”生态资源，抢占工业大数据入口主导权，培育海量开发者，提升用户黏性，构建基于工业云平台的工业企业生态，不断巩固和强化工业企业竞争优势。

工业云平台是推动工业企业与互联网融合发展的重要“抓手”，正步入规模化扩张的战略窗口期。基于工业云平台的工业企业生态正成为产业竞争的“风口”，发展机遇难得，宜在技术研发与创新、标准研制和产业应用等方面尽早部署。《工业企业上云应用指南》这本书有助于工业企业及平台服务商进一步发展，也有助于推动我国工业产业的创新与发展，以及在数字化、网络化、智能化的方向上高质量的发展。

潘云鹤

2017年12月20日于北京

前　言

数字化制造技术的普及，对传统企业的生产方式造成了巨大的冲击。对工业企业而言，在数字化制造技术的应用上仍存在壁垒：主流的工业软件90%以上依靠引进，且价格昂贵；工业软件的运行也需要部署大量高性能计算设备；企业搭建标准系统环境，需要配备专业技术人员，投入高昂的运维成本。数字化技术只有大型或超大型企业才能够用得起，占我国企业90%以上的中小型企业则与其无缘。工业云平台作为工业企业与新一代信息技术、互联网融合发展的重要载体，在全球范围内快速兴起及发展，为工业企业数字化转型带来新的机遇。

工业云平台是通过构建精准、实时、高效的数据采集互联体系，建立面向工业大数据存储、集成、访问、分析、管理的开发环境，实现制造技术、经验、知识的模型化、标准化、软件化、复用化，不断提高研发设计、生产制造、运营管理等资源的配置效率，形成资源富集、多方参与、合作共赢、协同演进的工业企业新生态。工业和信息化部正在做一系列新的重大战略部署，重点推动工业云平台的发展，其内容包括重点培育十家左右的综合性工业云平台，实施百万企业上云工程、百万App培育工程等，浙江省政府更号召“十万企业上云”。随着工业互联网逐步走向应用部署，工业云平台作为海量异构工业数据集成与工业应用创新的重要载体，正成为新一轮产业竞争的核心。

工业企业借助工业云平台，实现企业数据的采集、感知，海量异构数据的存储、集成、处理及分析；实现企业管理决策数字化、生产管理透明化。通过工业云平台在工业企业的集成应用，推进制造过程数字化、网络化、智能化，发展智能制造装备和产品，并形成工业企业与互联网融合的新模式和新业态。此外，英国、法国、日本、韩国等国家也均将此作为未来工业企业发展的核心方向。

在工业云平台快速发展的今天，在这样一个充满各种可能性的创新机遇期，我们推出《工业企业上云应用指南》这本书，希望通过介绍工业企业上云的必要性、工业云平台的内涵及架构体系、工业企业上云的内容与建议、工业企业上云应用成熟度模型与成熟度评价等内容，对工业企业上云进行有效指导。为了使企业更好地理解如何根据工业企业自身情况上云，还讲解了工业企业上云的关键应用场景和服务商案例。

编　者

目录

CONTENTS

第1章 工业企业上云的必要性及趋势

第2章 工业云平台的内涵及架构体系

第3章 工业企业上云指引

第4章 工业企业上云应用成熟度

第5章 工业企业上云关键应用场景及案例

第6章 工业云平台服务商案例

第1章 工业企业上云的必要性及趋势

（一）传统工业企业在新一代信息技术发展下面临的挑战

自2015年以来，中国经济持续增长压力增大，国内外需求不足的问题未得到有效缓解，传统工业企业面临结构调整和转型升级的巨大压力。从著名的“产业微笑曲线”理论上看，我国部分工业企业仍处于产业供应链中低端的位置，自主知识产权较少，缺乏创新能力，产品缺少高技术含量，附加值较低，缺少核心竞争力。市场的发展，对企业自身内在提升提出要求，为此，企业迫切希望从管理、设计、生产工艺、品质等方面着手，快速改善现状，提升企业产品品质、服务能力、资源整合能力，从而形成企业核心竞争力。但是对工业企业而言，正如本书前言所述，我国不少工业企业在数字化制造技术的应用上仍存在壁垒，这阻碍了众多工业企业对新一代信息技术的广泛应用。

从市场需求角度分析，新一代信息技术快速发展，在消费互联网的影响下，终端客户需求愈加多样化，新产品开发周期及产品市场生命周期缩短，要求企业能够快速对接客户需求，反应敏捷，柔性生产。同时面对成本压力，需要企业借助新一代信息技术逐步构建企业数字化、网络化、智能化管理平台，快速协同内外部资源，精准服务，高效响应，提升资金流、物流、信息流的周转和实现生产工艺、制造环节柔性生产。

移动互联网的发展及企业新一代人才的引入，给传统工业企业带来新的机遇，同时也给工业企业管理带来新的挑战。市场与企业之间、企业与企业之间及企业内部之间，以往传统的口头、电子化交流方式已不能适应市场信息精准、快速传递的需要及新一代企业员工的诉求。在新一代信息技术、移动互联网快速发展的条件下，协同交互方式发生巨变，终端客户在交易时会越来越多地考量企业的产品品质、响应速度、服务满意度等，企业员工会越来越考量企业工作幸福感、存在感、价值观。

在新一轮市场变更的背景下，客户对传统企业提出了更高的要求，从过往简单的代生产、产品供应提升到新形势下满足更高品质要求、客户个性需求及全生命周期服务的需求。传统工业企业在本行业发展中面临瓶颈和困境，需要寻求新的业务模式，通过数据与业务的充分集合，不断创新，从传统制造方式转变为服务型制造、大规模个性化定制、远程运维服务、网络协同制造等多种新制造模式并存状态，给企业带来新的动能。

（二）未来工业企业云应用发展趋势

当前，工业企业面临着内部发展困境、外部市场挑战以及新的机遇，需要借助新一代信息技术，实现企业快速提升与发展。“云”特指一种能够在网络上便捷地按需使用资源（包括计算资源、存储资源、应用软件、服务及网络等），且高度可扩展、灵活易管理的业务模式，具有大规模、虚拟化、高可靠及弹性配置等属性。

工业云平台作为新一代信息技术与工业企业融合的重要载体，为工业企业提供了企业升级、转型的机会。工业云平台数据是基础和核心。借助新一代信息技术、物联网技术，通过感知采集企业的“人机料法环”（即人员、机器、物料、方法、环境的简称）等相关环节数据，并进行存储、连接、处理、挖掘、分析、应用，打通企业内部资金流、信息流、业务流、物流的四流合一，企业逐步实现数字化管理、预测性管理，改变了企业协同方式。工业云平台同时也充分体现了企业产品全生命周期管理的特性。企业通过工业云平台，逐步实现基础资源及安全、商务、办公、人力资源、财务、销售、采购、设计、生产、服务全过程的管理，通过硬件设备层、网络控制层、车间层、工厂层、协同层各应用场景的数字一体化管理，初步实现网络化协同管理。

自2013年以来，工业云平台的理念和重要性逐渐被产业界所认识，全球各类产业主体积极布局，推出一系列工业云平台产品，主要提供基础设施即服务（Infrastructure as a Service，IaaS）、平台即服务（Platform as a Service，PaaS）、软件即服务（Software as a Service，SaaS）等服务类型（第2章将进行详细介绍）。从平台数量上看，工业云平台已经进入全面爆发期。根据咨询机构IoT Analytics的统计，目前全球工业云平台数量超过150个，占物联网平台总数的32%，是第一大细分平台类型。特别是2015年以后，企业对平台的布局明显加快。目前全球工业云平台有50%左右由美国企业提供，我国企业则在2015年以后积极开展布局。从工业云服务类型来看，第一类是基础设施即服务（IaaS），在该领域，我国与发达国家处在同一起跑线，移动、电信、联通、阿里巴巴等云计算基础设施已达到国际先进水平，并且积极将资源释放到工业企业。第二类是平台即服务（PaaS），即把服务器平台或者开发环境作为服务的商业模式。在这一领域，国外的GE、西门子以及我国的航天科工、三一重工、海尔集团、腾讯、华为等企业整合资源，发挥各自优势，服务工业企业。第三类是软件即服务（SaaS），由软件服务商、互联网企业、咨询公司等多方主体面向工业企业提供办公、销售、采购、设计、生产、服务等环节的相关应用，这一领域有SAP、甲骨文、浙江中之杰（浙江中之杰智能系统有限公司的简称）、金蝶（金蝶软件（中国）有限公司宁波分公司的简称）、用友（用友网络科技股份有限公司宁波分公司的简称）等。航天云网、三一重工、海尔等企业依托自身制造能力、经验和规模优势，率先推出工业云平台服务，并逐步实现拓展，目前已趋于成熟。软件行业服务商，SAP、甲骨文、浙江中之杰、金蝶、用友也纷纷转型，大量投入研发力量，打造工业云平台。与国外相比，目前我国企业在工业云平台的应用水平、服务能力以及工业云平台所具有的功能、商业化程度、生态体系完整度等方面还存在一定的差距。

通过工业云平台的应用，能够实现企业价值链的最大化。通过企业产品全生命周期数字化、网络化、智能化管理，充分发挥数据作用，从而为企业减负，实现从绿色制造到预测型制造，从产品制造到高品质产品生产和服务。同时以数据和业务为驱动，企业围绕客户需求以各种灵活的方式进行协同，并通过联合能够直接获得所需资源，积极地、尽可能地满足客户需求。通过系统结构、人员组织、运作方式和市场营销等方面的改革，使生产系统能对市场需求变化做出快速的适应，同时消除冗余无用的损耗，力求企业获得更大的效益，使企业逐步创新发展模式，例如大规模个性化定制、网络协同制造、远程运维服务等。

（三）工业企业上云带来的商业价值

结合“中国制造2025”，“企业上云”成为推动工业企业改造升级和发展智能制造的重要“抓手”。全面推动云应用软件和服务在企业中的应用，能够促进企业向“互联网+制造+信息化+物联网”转型升级，推动大中型企业将信息基础架构和应用系统向云上迁移，推进管理上云和业务上云，促进基于云的移动化、互联网化业务落地，提升企业的智能化水平。发挥各类产业园区、特色小镇、孵化基地和公共服务平台的作用，推动各类工业企业充分依托公有云、行业云平台，购买服务、租用系统，应用成熟的研发、设计、供应链管理、生产、客户关系、协同办公等云应用软件和云服务，降低企业信息系统构建成本，帮助企业快速形成数字化管理和网络化协同能力，并逐步探索新模式，为企业带来新动能。以吉利汽车集团（以下简称“吉利”）为例，吉利将汽车模拟仿真等多个核心应用放在云上，从而实现在数千核集群的计算机环境下进行仿真测试，包括对车辆的模拟碰撞。在车辆安全性上精益求精，使得中国汽车厂商实现智能制造的跨越式发展。吉利CIO丁国祥说，将IT系统架构到云上之后，部署的速度、成本及系统稳定性都有了极大的提升。另外，依托云上建立的营销服务平台，吉利打破了企业与消费者之间的信息隔阂，构建了全新的信息通道，让决策层可以清晰地了解到客户的需求和痛点，并实时反馈到生产、设计、制造等环节。吉利的转型升级代表了中国工业企业的普遍需求，因而在“上云”方面，工业企业是非常活跃的一支生力军。

工业云平台帮助企业实现了对设备运行、加工参数、人员操作、生产进度、现场环境等各类工业数据的全方位深度感知，企业通过对这些数据与现有产品设计、生产管理、资源管理等软件系统的有效集成，可以在质量优化、生产效率、设备维护、库存管理等方面形成比传统制造模式更加精准的决策，驱动企业生产与管理的智能化。

企业内部对产品全生命周期管理的数据化，使得设计、销售、采购、物流及仓储、生产、服务等各环节的数据集成在一起，并引发一系列模式变革。例如，借助物联网，企业能够实时采集并分析产品运行数据，并据此提供持续性的维护服务，实现向服务型企业的转变。通过设计与生产数据集成，企业能够快速响应对产品设计调整的需求，并在工艺设计和加工过程中精准实现产品设计要求。此外，产品生产与运行数据反馈至设计环节后，企业能不断完善设计方案与工艺，实现快速迭代的产品创新。

企业通过工业云平台对产品设计、生产制造、计划资源、企业管理、运维服务等不同业务链条的全方位集成，将极大提升对市场变化的快速响应能力。针对新的市场需求，企业可以借助开放创新平台快速形成设计方案，通过价值链网络寻找最优的供应链伙伴，并通过软件编排和动态组织的生产系统实现产品加工。在这一过程中，企业与用户的交互、产品设计的创新、计划资源的优化、制造工艺的完善都将是不断快速迭代的。

企业通过工业云平台不但使企业内部数据完成采集、汇集、集成，同时可以把价值链上下游企业深度集成在一起，带来生产活动的跨企业协同组织和制造资源的网络化配置。面向供应链管理，企业正借助物联网实时跟踪现场物料消耗状况，并安排供应商进行精准配货，降低库存成本。面向产品创新设计，企业正基于开放设计平台整合分散于全球的设计资源，通过并行组织大幅缩短研发周期。面向产品制造，企业可以基于网络寻找工艺和技术上合适的工厂，在产能不足时外包部分制造需求，从而更好地实现全产业制造能力的高效利用。

企业上云，对于企业自身内部而言，可实现全生命周期管理，为数据采集、分析、处理、应用提供载体，同时企业可以降低成本和风险，快速完成部署。企业上云实现了企业间资源协同，尤其是供应链协同、制造协同，同时随着企业应用深化、数据积累，企业逐步创新发展模式，形成服务型制造能力，为企业带来新的动能。

第2章 工业云平台的内涵及架构体系

（一）工业云平台的内涵与架构

工业云平台通过数据感知采集、数据存储、数据呈现、数据集成、数据分析、数据挖掘、数据资产，能够实现海量异构数据汇聚与建模分析、工业经验知识软件化与模块化、各类创新应用开发与运行，从而支撑企业生产智能决策、业务模式创新、资源优化配置、产业生态培育。

通过分析国外工业云平台架构，其主要包括数据采集层、基础设施即服务（IaaS）层、平台即服务（PaaS）层、软件即服务（SaaS）层，体系架构如图2-1所示。

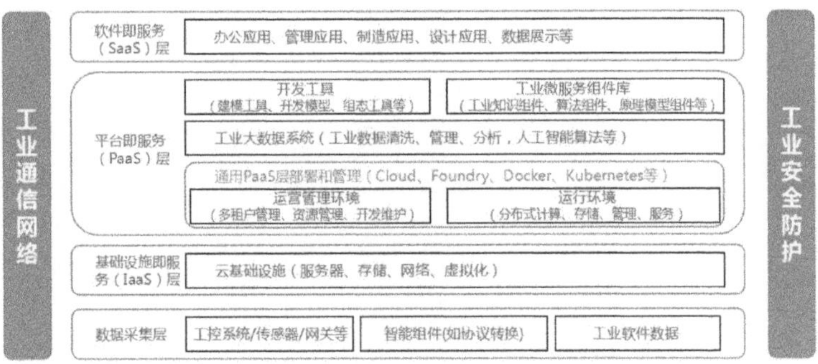

图2-1　工业云平台参考架构

（二）工业云平台的典型服务类型

工业云平台按服务类型可分为IaaS、PaaS和SaaS等。

第一，IaaS，基础设施即服务。IaaS提供的服务是客户可使用云端所有的计算基础设施，包括CPU、内存、存储、网络和其他基本的计算资源；客户能够在云端部署和运行任意软件，包括操作系统。客户不需要管理或控制任何云计算基础设施，但能选择和部署所要使用的操作系统、存储空间、应用软件，也有可能获得有限制的网络组件（例如路由器、防火墙、负载均衡器等）的控制权。IaaS通常分为3种用法：公有云、私有云和混合云。在这一领域，移动、联通、电信、世纪互联、腾讯、阿里巴巴、华为等服务商已积极布局，并且与发达国家处在同一起跑线上。

第二，PaaS，平台即服务。这是把服务器平台或者开发环境作为服务的商业模式。PaaS提供的服务是把客户采用IaaS层服务商提供的开发语言和工具（例如Java、Python、.NET等）开发的或收购的应用软件部署到该服务商的云计算基础设施上去。客户不需要管理或控制底层的云计算基础设施，包括网络、服务器、操作系统、存储等，但客户能控制部署的应用软件，也可能控制运行应用软件的托管环境配置。在这一领域，国外的GE、西门子以及我国的航天云网、三一重工、海尔集团、腾讯、华为等企业正在整合资源，发挥各自优势，服务于工业企业。

第三，SaaS，软件即服务。它是一种通过互联网提供软件和服务的模式，是由互联网企业、软件企业、工业企业、众多开发者将应用软件统一部署在PaaS层上，客户可以根据自己的实际需求，通过互联网向厂商订购所需的应用软件服务，按订购的服务数量和时间长短向厂商支付费用，并通过互联网获得厂商提供的服务。按需服务是SaaS层的核心应用理念，即该层可以满足不同客户的个性化需求，如通过负载均衡满足大并发量客户服务访问等。客户不需要管理或控制任何云计算基础设施和运行环境，包括网络、服务器、操作系统、存储、安全等。各大软件服务商、新一代互联网公司等不断发力，提供云端应用，例如一云通、钉钉、销售易、文谷云（文谷智能工业云平台的简称）等。

由于是面向客户提供服务，需要服务商构建成熟、稳定、安全的应用环境，因而需要服务商构建信息安全管理体系。为保障工业云平台的安全，服务商需要综合建设高性能、高可靠的网络安全一体化防护体系，以虚拟化技术为支撑的安全防护体系，集中的安全服务中心以应对无边界的安全防护，利用云安全模式加强云端和客户端的关联耦合应用体系以及采用非技术手段进行辅助保障等。服务商还需要构建运营管理体系，为保障工业云平台的正常运行，提供故障管理、计费管理、性能管理、配置管理和安全管理等运营管理服务。

（三）工业云平台的特征

工业云平台的发展为工业企业带来新的发展契机，将以流程为核心驱动的传统制造模式转变为由流程与数据共同驱动的创新模式。通过对生产数据的实时感知、集成、分析与决策，实现对流程的动态优化，形成各类生产制造活动的智能化闭环。可以认为，工业云平台为工业数据而生，并具有以下五大特征。

一是集成性。工业云平台实现了多源异构数据的广泛集成，既包括工业现场各种生产装备、传感器、工业控制系统等数据，同时也包括来自产品设计、仿真试验、生产管理、资源管理在内的各种不同软件系统的数据，此外还涉及人员操作和决策数据。工业系统中的数据前所未有地实现如此大范围的汇聚，为后续的关联分析、深度挖掘、创新应用创造了条件。

二是生态性。主要是资源汇聚。工业云平台涉及各类数据的广泛集成及各种应用场景，不能依靠某一龙头企业或某一服务商全部完成，需要汇聚各方的资源，并使他们发挥各自的特长，共同实现数据资源的接入和集成。通过在设计、生产、设备管理等不同场景的应用，工业云平台将逐步汇聚包括生产、设计、供应链在内的各类制造资源，积累并梳理设计方案、生产工艺、管理经验、设备机理等各种知识，从而在产业资源组织、知识的传承与传播等方面形成创新模式。

三是灵活应用。这是指上云的工业企业可按需选择服务，这就要求工业云平台能够满足多种场景的智能化分析需求。既可以面向单台生产设备做运行优化和加工参数优化，面向一个车间进行产品质量分析，面向一批产品提供远程运维服务，又可以面向企业提供智能化运营决策，以及促进企业之间的制造资源与供应链协同。在部署方式上，工业云平台也可以根据企业对信息数据安全的要求，采取私有云、公有云或混合云等多种部署方式。

四是高度智能。海量多维高频数据为各种复杂数据挖掘技术的应用创造了条件，并使企业有条件进行多领域数据的综合集成分析（如设计、生产与产品检验数据），从而获得比传统工业软件所提供的可视化分析或简单指标分析更为显著的智能化效果。未来，工业云平台所积累的数据还将为模型训练提供基础性素材，从而为深度学习等新一代人工智能技术在工业领域的应用创造条件。

五是高度安全。安全是工业云平台可靠、平稳运行的综合保障基础。工业云平台推动攻击防护、漏洞挖掘、入侵发现、态势感知、安全审计、可信芯片等安全产品的研发，提升其安全防护能力；通过加强数据的收集、存储、处理、转移、删除等环节的安全防护能力的建设，构建强大的数据安全保护体系；积极发挥相关产业联盟的引导作用，整合行业资源，鼓励联盟单位创新服务模式，提供安全运维、安全咨询等服务，从而使行业的整体安全保障服务能力得以提升。以分布式拒绝服务（Distributed Denial of Service，DDoS）为例，在蠕虫病毒爆发的前28天，安全运营团队已经知道存在漏洞，并立即对漏洞进行了详细分析，评估漏洞的危害，及时通知云上的企业用户，同时第一时间帮助用户修复漏洞，所以，当蠕虫病毒爆发时，云上的企业用户几乎没有受到影响，这就是安全运营的能力。

第3章 工业企业上云指引

（一）工业企业上云内容

目前，各方积极投入工业云平台创新与服务，初步形成了以平台服务商为核心，以应用创新与生态构建为主要方向，多方共同参与的产业体系。

互联网公司、软件服务商和第三方开发者整合资源和生态，依托现有技术和产品，不断创新并提供关键技术能力，共同构建工业云平台。例如，腾讯、华为、阿里巴巴等公司发挥自身优势，提供IaaS、PaaS服务。金蝶、用友、浙江中之杰等软件服务商不断加大研发投入，为客户提供SaaS服务。第三方开发者纷纷借助各工业云平台开发者社区及标准应用程序编程接口（Application Programming Interface，API），为企业提供个性化产品及服务。

传统工业企业也依托自身积累，借助新一代信息技术，从企业内部应用逐步扩展到为外部企业服务。例如，海尔、三一重工、徐工等工业企业。

服务商的创新与发展为工业企业的发展带来了机遇，下面结合服务商现有的云平台、云端部署方式及企业应用场景进行介绍。

工业云平台是多方合作共同提供服务，不同服务商聚焦不同的服务类型，工业企业也需要根据自身需求选择不同的服务类型（如前文所述的IaaS、PaaS、SaaS）。这里汇总了不同服务商所提供的服务类型，如表3-1所示。

表3-1　提供不同服务类型的服务商现有的云平台

服务类型	服务商现有的云平台（仅供参考，不局限于以下服务商）
IaaS	移动云、电信天翼云、联通沃云、阿里云、亚马逊Web服务（Amazon Web Service，AWS）、Azure等

续表

服务类型	服务商现有的云平台（仅供参考，不局限于以下服务商）
PaaS	腾讯云、华为云、阿里云、航天云网INDICS云平台、金山云、海尔COSMO等
SaaS	一云通、文谷云、钉钉、航天云网INDICS云平台、金蝶、用友、海尔COSMO等

此外企业可根据实际使用需求选择不同的云端部署方式（主要分为私有云、公有云、混合云3种），如表3-2所示。

表3-2 不同的部署方式

部署方式	解释
私有云	一般是为某个特定用户或机构单独使用而构建的，提供对数据、安全性和服务质量的有效控制。如某大型企业为内部多个分支机构构建的云
公有云	通常指第三方服务商基于云计算基础设施，为广大用户提供云计算产品和服务的模式，能够实现最大范围内的资源共享优化，用户一般通过互联网方便快捷地按需使用
混合云	同时融合了公有云和私有云的模式，用户可根据自身在计算资源获取、可扩展性、服务效率以及数据安全和控制等方面的综合考量，将应用程序和数据部署在合适的平台上，并实现统一管理

不管是服务商的服务方式，还是企业采用的不同部署方式，归根到底都是为了解决企业的实际问题。企业在实际运营过程中面对不同的应用场景，需要专业的指引和服务。一般情况下，企业所需的主要服务内容如表3-3所示。

表3-3　企业应用场景的内容描述

应用场景		描　述
基础资源及安全	数据库上云	采用云平台的关系型数据库服务（Relational Database Service，RDS）部署基础数据库，实现跨平台、跨业务的数据库统一管理
	存储资源上云	根据数据的冷热属性，选择云平台不同类型的云数据存储，提高数据存储的经济性、安全性、可靠性
	计算资源上云	按照业务需求，弹性调用云平台的计算资源，并实现集中资源管理和动态分配
	业务安全上云	在云端部署业务安全保护模块，包括注册保护、登录保护、漏洞巡检、应用加固等，实时监控业务运行状态，及时预警业务运行风险，通过关联性分析生成风险解决方案并实施，持续优化业务安全防御，保障业务稳定安全运行
	网络安全上云	应用云端成熟的网络安全产品和服务（包括主机访问控制、漏洞扫描与修复、入侵检测防御、Web应用防火墙、分布式拒绝服务防护、Docker镜像安全检测等），保障企业网络安全，降低网络安全构建成本
商务	企业门户	采用云主机部署门户网站的Web应用，实现门户网站IT资源的弹性伸缩，能够通过单一入口访问企业的各种信息资源，通过云端为员工、客户、合作伙伴和供应商提供个性化的信息和服务
	数据资源	企业向第三方采用租用、定制等方式获取并利用各类数据化信息资源（包括人才、培训、投资融资、技术成果、供需配套、产能设备、政策等），为企业提升外部资源获取和利用能力提供服务
	电子商务	企业租用第三方或者自建电子商务（自建需要使用云端资源，例如存储、连接、应用等），为企业提升营销能力提供服务

续表

应用场景		描　述
办公	邮箱	企业租用第三方或者自建（自建需要使用云端资源，例如存储、连接、应用等）邮箱，为企业提供交流协同服务
	云桌面	企业内部自建桌面云平台或租用第三方服务商提供的桌面云，为企业日常应用提供服务
	通信	企业租用第三方并有偿使用云端存储、连接、应用等资源，为企业提供协同服务（例如云视频、云会议等）
	行政/协同	企业租用第三方或者有偿租用云端资源自建平台并且开放外部使用，提供云端办公协同（考勤、审批、人员管理、费用报销等），实现企业在线办公、云端数据流转
人力资源	招聘管理上云	企业在云上部署HR对外子系统，实现快速发布、自动汇总简历、搜索人才、快速筛选和安排面试等功能，自动收集和汇总面试评价，随时随地查看进程，对接专业人才市场平台，缩短用人单位和人才之间的匹配链条，使招聘更精准高效
	绩效管理上云	企业HR内部考评系统采用独立系统上云部署，或者在云端部署专业的SaaS服务，获取绩效管理服务
	培训管理上云	企业租用云端部署专业的培训管理、培训组织、在线教育等服务，获取专业的培训服务
	薪酬管理上云	云端部署薪酬管理系统，支持企业薪酬设计和动态管理，实现个税、社保、考勤自动计算，满足企业薪酬管理的多元化需求

续表

应用场景		描述
财务	税务管理上云	通过税务管理和服务上云，提高税务登记效率，缩短报税流程，提高报税精准度，方便企业获取税务咨询、办理涉税事项，增强税企交流，促进企业互助，同时为地方积累经济发展的大数据
	财务管理上云	应用云端财务管理服务，管理企业财务相关业务活动，实现企业财务管理的工作规范化、合法化
销售	客户关系管理（Customer Relationship Management，CRM）	企业租用CRM相关应用，用于客户资源、销售机会分析管理，提升企业销售能力
	销售内部管理	企业使用云端应用，管理企业内部销售（包括客户资料、订单交易管理等），为企业内部销售管理、统计分析服务
	分销管理	此应用主要用于存在分销业务的企业，使用云端应用或资源，实现终端客户或经销商快速交易、企业销售管理、统计分析等
	订单管理系统（Order Management System，OMS）	OMS为处于供应链上游的供应商和下游的买方，以及各类物流服务供应商提供基于订单进行业务沟通、实现物流服务和控制管理的系统。通过对订单的管理和控制，合理安排运送计划，有效降低库存。企业使用云端应用或资源，实现多平台接入、订单同步管理、智能分拣配货、物流追踪及统计分析等
采购	采购内部管理	企业使用云端应用，管理企业内部采购（包括供应商资料、订单交易管理等），为企业内部采购管理、统计分析提供服务

续表

应用场景		描　述
采购	供应商关系管理（Supplier Relationship Management，SRM）	企业租用或自建企业供应链管理（自建需要使用云端资源，例如存储、连接、应用等），为企业供应链管理提供服务
设计	图文档	企业租用第三方设计相关应用或资源（例如存储资源、权限管理、产品数据管理等设计文档管理软件）
	产品设计	企业租用第三方设计相关应用或资源（例如CAD二维和三维相关应用、权限、安全管理），为企业设计、生产等提供服务
	工艺设计	企业租用第三方工艺相关应用或资源，为企业设计、生产等提供服务
	工艺优化	企业在产品设计和工艺设计基础上，采用工艺知识积累、挖掘、推理的方法，利用优化平台等技术，实现对工艺路线、参数等与产量、能耗、物料、设备的最优匹配，以达到产量高、功耗低和效益高的生产目标
生产	仓储与配送	仓储与配送是指厂内物料存储和物流，利用标识与识别技术、自动化传输线、信息化管理手段等，实现对原材料、半成品等进行标识与分类、数据采集、运输以及库位管理，自动完成取送任务。企业通过识别技术的应用、自动化运输线的改造、智能仓库管理系统以及与上下游的集成技术等，再利用云端资源和服务，实现企业仓储与配送管理

续表

应用场景		描述
生产	计划与调度	计划与调度是实现所有生产活动的核心。通过信息技术进行准确的数据处理，对于下达的生产任务进行一定程度上的优化调度，最大限度地减少生产过程中的非增值时间，提高生产设备利用率，从而提高生产效率。企业使用云端应用（混合云、私有云或公有云）或资源，实现资源协同与调度，例如物资需求计划（Meterial Requirement Planning，MRP）、制造执行系统（Manufacturing Execution Syetem，MES）或高级计划与排程（Advanced Planning and Scheduling，APS）等
	生产作业	生产作业是以较好的方式将企业生产的物料、机器等生产要素以及生产过程有效地结合起来，形成联动作业和连续生产，取得最大的生产成果和经济效益。生产作业通过精确的物料配套、生产过程的控制，实现生产计划与仓储配送等其他业务的协同。企业使用云端应用或资源，为企业生产提供服务，例如MES等
	质量控制	企业使用云端应用或资源，实现企业质量监控，并通过数据积累、分析，实现控制、改善及提升企业各个环节的工作效率及产品质量
	追溯管理	企业使用云端应用或资源，实现企业内部原材料、半成品、产成品等的可追溯性，并实现向客户开放
	设备	企业通过采集终端、通信协议、物联网等技术及相关管理平台实现企业生产设备状态监控、数据采集，并建立数据分析，提高企业设备利用率，降低故障发生概率，实现协同生产

续表

应用场景		描　述
生产	安全与环保	安全与环保是通过建立有效的管理平台，对安全、环保管理过程标准化，对数据进行收集、监控以及分析利用，最终建立知识库，并对安全作业和环境治理等进行优化
	能源	能源管理是通过传感器及有效管理平台，实现企业能源能耗数据收集、监控及分析利用，长期建立跟踪，帮助企业实现绿色制造、资源合理利用
服务	客户服务	客户服务是借助云平台、移动客户端、知识模型和智能客服机器人等技术，多维度地对客户知识进行挖掘，向客户提供智能服务和个性化服务。关注点在于客户知识的统计和分析、客服渠道的多样性以及智能客服机器人的使用情况等
	产品服务	产品服务是借助云平台、数据挖掘和智能分析等技术，捕捉、分析用户信息，更加主动、精准、高效地给用户提供服务，向按需和主动服务的方向发展。关注点在于产品的智能化、远程服务平台的建立、数据挖掘和分析等
新模式	工业电商	通过对信息流、物流、资金流的控制，实现从原材料采购，到中间产品制造，再到最终产品生产，最后通过销售网络将产品送到消费者手中的过程，并将供应商、制造商、分销商、零售商、终端用户连成一个整体的功能网链结构。行业龙头企业通过建立在线集采、集销和服务平台，并逐步发展成为行业性第三方电子商务服务平台

续表

应用场景		描　述
新模式	大规模个性定制	利用工业云计算、工业大数据、工业互联网标识解析等技术，建设用户个性化需求信息平台和个性化定制服务平台，实现研发设计、计划排产、柔性生产、物流配送和售后服务的数据采集与分析，提高企业快速、低成本满足用户个性化需求的能力。企业建立个性化定制平台，发展顾客对工厂（Customer to Manufactory，C2M）经营模式，实现动态感知、实时响应消费需求的大规模个性化定制。深化在线产品选配、移动终端订货等技术在终端消费品行业中的应用，建设互联网共性服务平台和线上线下展示中心。此模式主要适用于石化化工、钢铁、有色金属、建材、汽车、纺织、服装、家用电器、家居、数字视听产品等领域
	网络协同制造	利用工业互联网技术，建设网络化制造资源协同平台，集成企业之间的研发系统、信息系统、运营管理系统，推动创新资源、生产能力、市场需求的跨企业集聚与对接，实现设计、供应、制造和服务等环节的并行组织和协同优化。此模式主要适用于机械、航空、航天、船舶、汽车、轨道交通设备、家用电器、集成电路、信息通信产品等领域
	远程运维服务	集成应用工业大数据分析、智能化软件、工业互联网联网、工业互联网IPv6地址等技术，建设产品全生命周期管理平台，开展智能装备（产品）远程操控、健康状况监测、虚拟设备维护方案制定与执行、最优使用方案推送、创新应用开放等服务。此模式主要适用于石化化工、钢铁、建材、机械、航空、家用电器、家居、医疗设备、信息通信产品、数字视听产品等领域

（二）工业企业上云建议

工业企业寻求转变及积极创新，希望借助新一代信息技术及工业云平台提升企业数字化、网络化、智能化管理能力。那么，在选择上云时，建议企业做到“两分析、两确定、一评估”。

（1）两分析

“两分析”，一方面是企业内部自身需求分析，另一方面是企业现状分析。

企业内部自身需求分析是指企业应结合自身业务发展规划，在第三方咨询测评机构或云平台服务商的支持下，对业务系统进行全面梳理，确定各业务系统的迁移需求。对于企业来说，前期需求不明确，项目会存在很大的风险隐患。例如项目不明确导致执行过程一变再变，项目上线应用遥遥无期。

企业内部需求分析，可以从两方面入手。第一方面，企业内部要建立项目需求评估小组，由牵头部门、需求部门、信息部门及相关联部门（包含设备等硬件部门）协同完成，单一部门会出现部门“本位主义”，考虑不够全面、不完整。第二方面，企业需要坚持“统筹规划、分步实施、点上切入、效益驱动”原则，需要有整体框架，系统性思考自身需求，并且任何企业都不可能在上云工作中做到一步到位，需要有长期投入、不断优化、与企业发展战略相匹配的意识。

企业现状分析是指企业在执行过程中，需要对自身现状有明确、清晰的认知，不能盲从。建议采用“UDP”评估方法，“UDP”一词是由“人（User）”“数据（Data）”“流程（Process）”英文单词的首字母组成的。人、数据、流程是企业上云能力评估的3个核心要素，企业可以从这3个要素分析企业现状。“UDP”评估方法需要坚持3个原则。第一，有效原则。“UDP”评估方法遵循管理必须有效的原则，根据企业的“UDP”评估得分，确定符合企业现状的阶段有效目标，并制订匹配的项目实现路径。第二，匹配原则。项目的实现路径及阶段目标，必须保证与项目的预算、公司的“UDP”能力相匹配，要避免投入、能力与目标的错位。第三，整体性原则。“UDP”评估方法，强调设立与现有能力匹配的阶段有效目标，并不是放弃对最终目标的实现，而是提出了在整体框架下分步实现的路径。

项目能否成功，人是最关键的因素之一，不仅要靠项目小组的努力，企业的每一个人都有着重要的影响。作为企业的员工，他们是企业上云的最终使用者和检验者，离开他们的支持，系统将无法正常运行。调动企业员工的才智和主观能动性，将对项目的成功产生极大的帮助。

数据是工业云平台的基础和核心，同时也是企业实现传统模式向数据与业务相结合管理转变的前提，由此可见，数据对于企业至关重要。因此要对企业自身数据做评估（包括结构化数据、非结构化数据，以及数据的完整度、应用度、准确度、Excel化度、信息化度等），以便企业选择合适的实现路径。

工业云平台的应用是企业管理流程及制度落地的载体及工具，所以在项目前期要对企业的流程进行评估，以便后期进行有序调整。流程评估主要是针对企业业务流程进行规范性、固化程度、内部协同程度、跨部门协同程度、异常处理速度等方面的综合评估。

（2）两确定

“两确定”，一方面确定实施方案及服务，另一方面确定保障措施。

企业完成前期“两分析”后，引入服务商，依据企业现状及现阶段需求，考量服务商实现方案的实用性、兼容性及后续扩展性，同时更应该关注服务商的服务能力。企业在实现过程中都会遇到个性化需求，需要服务商提供相应的服务能力。如果服务商不能长期有效地提供合理的企业个性化服务，则很容易出现“僵尸”解决方案及产品应用，最终导致项目不了了之。另外，企业还要明确服务商的应急解决方案及事后处理方案，确保服务提供商能够为企业提供满足需求、响应及时、安全可靠的运行保障服务，并持续改进服务质量，保障企业在平台上应用的稳定性、成熟性并满足企业的安全要求。

（3）评估

“一评估”具体指企业评估上云的价值。企业上云可以在降低企业成本、降低经营风险、打通上下游产业链、提高企业核心竞争力等方面产生商业价值。在不断满足企业现状需要的情况下，为企业提供创造转型升级及创新驱动发展的机会。

第4章 工业企业上云应用成熟度

（一）工业企业上云应用成熟度模型

工业企业上云应用成熟度模型由阶段、类、域、等级和成熟度评价等内容组成。阶段、类和域是从“数据应用+应用场景”两个维度展开的，是对工业企业上云应用核心能力要素的分解。等级是类和域在不同阶段水平的表现，成熟度评价是对类和域在不同应用场景下的评价，如图4-1所示。

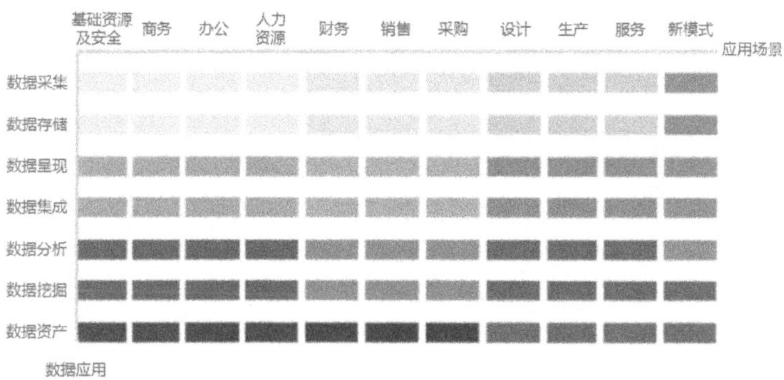

图4-1　工业企业上云应用成熟度模型

对于“数据应用”和“应用场景”两个维度而言，数据应用是基础及关键，从企业数据应用的程度考虑，主要包含数据采集、数据存储、数据呈现、数据集成、数据分析、数据挖掘、数据资产，这些数据应用活动会不断给企业带来价值；应用场景主要从企业实际应用出发，不同企业有不同的应用特点，因为各个企业所侧重的业务场景不同，对每个应用场景都可以结合其数据应用的程度进行考量，主要的应用场景有基础资源及安全、商务、办公、人力资源、财务、销售、采购、设计、生产、服务、新模式。

从价值链角度，在工业企业上云应用成熟度模型中可将应用场景分为两个阶段：①智能阶段，主要面向企业内部，涉及基础资源及安全、商务办公、人力资源、财务、销售、采购、设计、生产、服务等环节，通过数据应用、生命周期管理，以及全面数字化、一体化，提升企业核心竞争力；②新模式阶段，目前仅涉及新模式，企业在大数据的深度应用条件下，寻求新的模式转变，并且将内部应用能力逐步扩展，服务外部企业。

根据上述模型的2个主要维度——“数据应用+应用场景”，将两大阶段——“智能+新模式”分解为十一大类能力以及细化的42个要素领域（见表3-3），并对相关应用做了具体阐述。

同时根据企业各应用场景的实际使用广度及深度划分了1级～4级这4个等级。

模型架构与能力成熟度矩阵关系如图4-2所示。

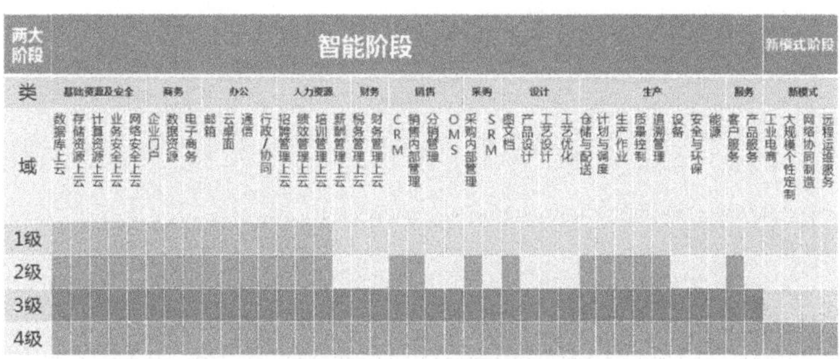

图4-2　模型架构与能力成熟度矩阵关系

根据图4-2中所划分的等级现具体描述如下（同时可参考图4-3）。

1级：企业初步使用云应用及资源，主要为基础资源及安全、商务、办公、人力资源，初步实现数据采集、存储。

2级：企业逐步扩展使用云应用及资源，主要为基础资源及安全、商务、办公、人力资源、设计、销售、采购、仓储、生产、服务等，初步实现数据采集、数据存储、数据呈现、数据集成。

3级：企业深度使用云应用及资源，并实现企业应用一体化、数据一体化，实现数据采集、数据存储、数据呈现、数据集成、数据分析、数据挖掘及内部应用。

4级：企业深度使用云应用及资源，实现企业深度应用，并综合运用数据，为外部提供服务，形成新模式。

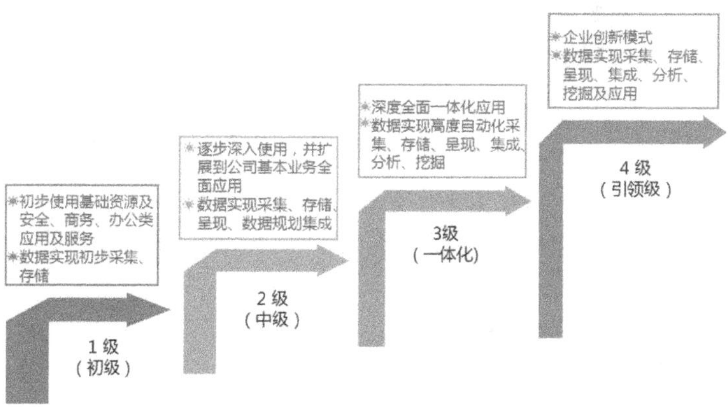

图4-3　应用成熟度等级

（二）工业企业上云应用成熟度评价

根据上述工业企业上云应用成熟度的矩阵关系，分别从使用的广度（应用场景）、深度（数据应用）评定分数，其中应用模块为42个要素领域，对每个应用模块设定最高分数，考虑面向的对象为工业企业且每类企业重点不同，因此可从广度上给予相应评分，例如某公司以研发技术为核心，生产过程是简单装配，而企业的重点管理是研发设计部分。由此可见广度更能客观真实地反映企业上云应用现状，如图4-4所示。

使用广度评分项(100分)	分值	评分项
基础资源及安全	10	存储资源上云、计算资源上云、业务安全上云、网络安全上云
商务	7	企业门户、数据资源、电子商务
办公	8	邮箱、云桌面、通信、行政/协同
人力资源	5	招聘管理上云、绩效管理上云、培训管理上云、薪酬管理上云
财务	5	税务管理上云、财务管理上云
设计	10	图文档、产品设计、工艺设计、工艺优化
销售	30	CRM、销售内部管理、分销管理、OMS
采购		采购内部管理、SRM
生产		仓储与配送、计划与调度、生产作业、质量控制、追溯管理、设备、安全与环保、能源
服务	5	客户服务、产品服务
新模式(满足一项)	20	工业电商、大规模个性定制、网络协同制造、远程运维服务

图4-4　工业企业上云应用成熟度评价广度分值

工业企业上云应用成熟度根据使用深度可以分为7个阶段，主要为数据采集、数据存储、数据呈现、数据集成、数据分析、数据挖掘及数据资产。从企业实际应用情况进行分析，数据采集是基础，数据集成是关键，数据资产是核心。数据采集及存储是前期的基础工作，而数据集成后，企业才能深度应用，因此从数据采集到数据集成阶段占使用深度的60%，如图4-5所示。

使用深度评分项	数据采集	数据存储	数据呈现	数据集成	数据分析	数据挖掘	数据资产
分值	5	15	15	25	10	10	20

100分

图4-5　工业企业上云应用成熟度评价深度分值

基于图4-4，可针对工业企业上云应用成熟度评价的广度分值做具体拆解，如表4-1所示。

表4-1 工业企业上云应用成熟度评价的广度分值拆解详情

评 分 项			分值拆解
基础资源及安全	10	数据库上云	2
		存储资源上云	2
		计算资源上云	2
		业务安全上云	2
		网络安全上云	2
商务	7	企业门户	2
		数据资源	3
		电子商务	2
办公	8	邮箱	2
		云桌面	1
		通信	2
		行政/协同	3
人力资源	5	招聘管理上云	1
		绩效管理上云	1
		培训管理上云	1
		薪酬管理上云	2
财务	5	税务管理上云	2
		财务管理上云	3
设计	10	图文档	2
		产品设计	3
		工艺设计	2
		工艺优化	3

续表

<table>
<tr><th colspan="3">评分项</th><th>分值拆解</th></tr>
<tr><td rowspan="4">销售</td><td rowspan="14">30</td><td>CRM</td><td>1</td></tr>
<tr><td>销售内部管理</td><td>2</td></tr>
<tr><td>分销管理</td><td>2</td></tr>
<tr><td>OMS</td><td>2</td></tr>
<tr><td rowspan="2">采购</td><td>采购内部管理</td><td>2</td></tr>
<tr><td>SRM</td><td>3</td></tr>
<tr><td rowspan="8">生产</td><td>仓储与配送</td><td>2</td></tr>
<tr><td>计划与调度</td><td>2</td></tr>
<tr><td>生产作业</td><td>3</td></tr>
<tr><td>质量控制</td><td>3</td></tr>
<tr><td>追溯管理</td><td>3</td></tr>
<tr><td>设备</td><td>3</td></tr>
<tr><td>安全环保</td><td>1</td></tr>
<tr><td>能源</td><td>1</td></tr>
<tr><td rowspan="2">服务</td><td rowspan="2">5</td><td>客户服务</td><td>2</td></tr>
<tr><td>产品服务</td><td>3</td></tr>
<tr><td rowspan="4">新模式</td><td rowspan="4">20
（满足一项）</td><td>工业电商</td><td rowspan="4">20</td></tr>
<tr><td>大规模个性定制</td></tr>
<tr><td>网络协同制造</td></tr>
<tr><td>远程运维服务</td></tr>
</table>

未来，工业企业是数据与业务的结合，数据是基础，基于图4-5，根据工业企业上云应用成熟度评价的深度划分阶段和分值并做客观评价，如表4-2所示。

表4-2 工业企业上云应用成熟度评价深度的阶段和分值

使用深度评分项	数据采集	数据存储	数据呈现	数据集成	数据分析	数据挖掘	数据资产
阶段分值	5	15	15	25	10	10	20
规划阶段	＼	＼	＼	＼	＼	＼	＼
初步应用	5	15	15	10	＼	＼	＼
一体化	5	15	15	25	＼	＼	＼
挖掘分析	5	15	15	25	10	10	＼
数据价值	5	15	15	25	10	10	20

针对上述工业企业上云应用成熟度评价，为了方便企业解读，通过以下案例进行说明。一个以内销为主，离散制造加简单装配的企业，在云端使用了基础资源、办公协同、电子商务及企业业务、生产等应用，参照表4-3可以对其进行初步评判。

表4-3 工业企业上云应用成熟度评价广度得分详情

上云内容			得分
基础资源及安全	10	数据库上云	2
		存储资源上云	2
		计算资源上云	2
		业务安全上云	2
		网络安全上云	2
商务	7	企业门户	2
		数据资源	3
		电子商务	2

续表

<table>
<tr><th colspan="3">上云内容</th><th>得分</th></tr>
<tr><td rowspan="4">办公</td><td rowspan="4">8</td><td>邮箱</td><td>2</td></tr>
<tr><td>云桌面</td><td>1</td></tr>
<tr><td>通信</td><td>2</td></tr>
<tr><td>行政/协同</td><td>3</td></tr>
<tr><td>设计</td><td>2</td><td>图文档</td><td>2</td></tr>
<tr><td rowspan="3">销售</td><td rowspan="9">20</td><td>CRM</td><td>1</td></tr>
<tr><td>销售内部管理</td><td>2</td></tr>
<tr><td>分销管理</td><td>2</td></tr>
<tr><td>采购</td><td>采购内部管理</td><td>2</td></tr>
<tr><td rowspan="5">生产</td><td>仓储与配送</td><td>2</td></tr>
<tr><td>计划与调度</td><td>2</td></tr>
<tr><td>生产作业</td><td>3</td></tr>
<tr><td>质量控制</td><td>3</td></tr>
<tr><td>追溯管理</td><td>3</td></tr>
<tr><td>服务</td><td>2</td><td>客户服务</td><td>2</td></tr>
</table>

根据表4-3进行汇总，该企业实际使用评价分值为49分，同时根据表4-2可知，目前该企业处于初步应用阶段，分值为45分。

第5章 工业企业上云关键应用场景及案例

（一）工业企业实现管理与决策优化

通过工业云平台在企业管理层的部署，可以打通生产数据与企业管理数据，企业管理层实现更加精准的企业管理决策。在传统生产方式中，生产运营层与企业管理层之间未实现数据打通，企业管理层无法实时获取现场生产数据，无法有效支撑企业管理决策。通过工业云平台在工业现场的部署，企业可以实现一系列数字化、智能化管理功能。一是实现跨层级数据对接，通过工业云平台部署，实现生产层与企业管理层的对接，促使管理层能够实时获取生产数据，并构建数据开放机制供不同层级的人员查询。二是实现精准化决策，工业云平台的可视化分析服务可以帮助企业获取实时、准确的报表分析，使企业的各级决策者获得知识或洞察力，实现不同业务的高效、协调运转。三是实现智能化管理闭环，随着工业云平台计算性能的不断提升和工业应用的逐步丰富，基于海量商业数据的智能分析将为管理者做出决策提供高质量的建议，形成“采集—统计整合—可视化—决策—反馈”的数字化、智能化管理闭环，从而提高企业决策效率和精准性。

具体案例

助力瑞格快速发展——一云通

一、基本情况及问题

瑞格钢铁制品（宁波）有限公司（以下简称“瑞

格”）成立于2009年12月，位于镇海清水浦北欧工业园区。瑞格有员工160人，工厂面积5200平方米，主营业务是风力发电机配件的焊接和组装。2017年实现销售额2亿元，利润1400万元。

瑞格主要业务是按照客户的图纸进行配件的焊接和组装，由于客户要求的交期比较短，因此公司需要一体化软件管理系统提供大量可信数据信息，如客户要求的交期、客户产品物料清单、公司的生产订单、给供应商的采购订单、采购订单交期、采购订单交期变更、库存的管理等。瑞格需要根据这些数据信息给客户报价，安排采购、生产、交货等。遇到的困难是，需要专业的技术人员根据公司各个部门的需求搭建一体化信息管理系统，提供准确及时的报表，便于管理层进行经营决策。而且信息化建设还需要投入一定额度的资金，目前瑞格的人才和资金无法有效解决，期间也尝试购买了一些软件来应用，效果并不理想。

二、解决方案

2013年12月，瑞格采用了浙江中之杰的中小企业云制造平台——一云通之后，不需要购买服务器，也不需要招聘专业的IT人员，直接通过云平台打理公司所有业务，效果非常好，目前采用了一云通平台上的云ERP、云OA、云条码、云供应链系统应用。

通过一云通的服务，瑞格实现了成本、预算控制，改善了公司的生产管理状况，部门之间的单据信息实现了共享，打破了信息孤岛，不同单据的审批预警信息实现了及时共享。部门之间的审批有相应的流程、权限，这保证了审批单的正确性，提高了保密性、数据真实性和正确性。生产、工程图纸管理混乱的状态也因为一云通得到了解决，实现了文件上传和下载。更为重要的是，公司领导层实现了移动办公，提高了决策效率。

三、应用效益

（一）提高效率

瑞格采用了一云通之后，经过浙江中之杰专业团队服务，给公司带来了诸多显著收益，主要体现在以下几个方面。

1．产品工序耗时记录

产品各个工序所用的时间是企业的一个重要管理指标，它是给客户报价人工工时的参考依据，也是生产订单实际成本分析的重要依据，同时也是员工绩效评估的一个指标。瑞格采用一云通之前，工时是通过员工手工记录，车间统计汇总，这个过程准确性不高，准确率在70%左右，并且数据传递不及时。采用云平台应用之后，通过使用无线条码系统，允许员工扫描条码实时记录工序的开始和结束时间，实现了工时记录的自动化，准确率达到100%，仅仅这个环节的信息化，公司就取消了负责车间工时统计的多个岗位，除了节省大量人力成本外，也得到了准确及时的数据信息。

2. 产品材料的收料和发料

瑞格的采购订单都是服务于具体的生产订单，所以物料在公司的流转过程是仓库收料到待检区→质检检测→仓库发料到生产车间货架。在系统优化之前，信息流是仓库收料到仓库→仓库发料到生产订单。根据公司情况，通过与浙江中之杰沟通，浙江中之杰对流程进行了重新梳理，优化了一云通软件系统设置，现在信息流是质检合格→系统自动材料入库→发料到生产订单。这个操作过程的优化大大减轻了仓管员的工作强度，因为瑞格每个月有1800笔供应商来料，这样每月就节省3600次的材料入库和出库的手工操作，工作效率大大提高。

（二）降低成本

浙江中之杰的中小企业云制造平台——一云通的服务模式具有很好的创新性，企业不需购买服务器等软硬件设备，就能大幅度削减企业内部信息化系统的运维人员数量。

瑞格测算过，这种云服务模式的总体费用比传统信息化服务模式减少近80%，也就是说用20%的成本解决了公司的信息化、数字化管理问题。既解决了公司管理过程的研发、设计、财务、采购、销售、库存、生产、客户关系管理、协同办公、数据采集及分析等方面的需求，又解决了中小微企业IT专业人才难招聘、不稳定的问题。而且系统的应用，加快了库存周转速度，降低了原材料和半成品的损耗，交期准确，资金回笼快，诸多有利因素促成了公司经营成本总体的下降，利润得到大幅度提升。

四、未来数字化、智能化建设规划

瑞格未来计划投入视觉识别、仓储管理系统（Warehouse Management System，WMS）、自动导引运输车（Automated Guided Vehicle，AGV）/有轨制导车辆（Rail Guided Vehicle，RGV）、机器人等先进技术的研发，打通公司数字化、网络化、智能化的建设之路。

（二）工业企业实现生产过程及资源优化

通过工业云平台在工业现场的部署，工业企业实现对“人机料法环”等各类数据的采集、集成，并进行分析决策。在传统生产方式中，大量现场生产数据分散于加工装备、可编程逻辑控制器（Programmable Logic Controller，PLC）、上位机、数据采集与监视控制（Supervisory Control And Data Acquisition，SCADA）等不同系统上，未获得充分集成和有效利用。通过工业云平台在工业现场的部署，工业企业可以实现一系列智能化应用功能。一是设备运行优化，通过实时监测设备的运行状态数据，对设备异常进行分析和预测，提高设备稳定性和使用效率。

二是工艺参数优化，对设备运行数据和生产控制数据进行分析，找出生产加工过程中的最优工作参数，提升加工品质。三是质量管理优化，基于产品检验数据和“人机料法环”过程数据进行关联性分析，实现实时的质量监测和异常分析，降低产品不合格率。四是生产管理优化，通过对生产进度、物料管理、企业管理等数据进行分析，提高排产、进度、物料、人员等方面管理的准确性，提高生产效率。

具体案例一

帮助企业快速部署——文谷云

一、基本情况及问题

宁波帅特龙集团有限公司（以下简称“帅特龙”）成立于1994年10月11日，它是一家集设计、研发、制造、销售于一体的汽车零部件企业。公司经过20多年的发展，成为德国奥迪、一汽大众、上海大众、上海通用、广州本田、天津丰田、北京现代、一汽轿车、上海汽车、长城汽车、奇瑞汽车、江淮汽车等汽车制造公司的战略供应商之一。公司主导产品有电子排挡控制器总成、烟灰盒总成、外门手柄总成、内门手柄总成、顶棚拉手总成、饮料杯架总成、储物盒总成、遮阳帘总成等系列产品，被客户评为“优秀供应商”“A级供应商”，并获“优秀质量奖”等。目前总资产为5亿元，厂房面积5万平方米，员工1000余名。

帅特龙的每个工厂都部署了若干条自动化生产线，现在，这些生产线已经全面部署由浙江文谷软件有限公司（以下简称“文谷软件”）定制的产线云计算桌面系统，全新的IT科技力量正为帅特龙生产线的高效安全运转保驾护航。

在传统的模式下，生产线上往往配备一些计算机设备外接扫描枪、条形码打印机、称重机、取物架等USB外设，因此，传统的IT架构存在一系列的安全隐患和管理上的复杂性，主要问题如下。

（1）生产线员工计算机操作技能参差不齐，往往因误操作导致计算机系统错误或者录入错误信息。

（2）终端的软硬件故障，管理员必须承担大量的现场维护工作。

（3）生产线员工分班次上下产线，每个人的使用会留有痕迹，经常导致下一个班次使用人员的混乱。

（4）无法实现桌面环境的统一管理，必须用复杂的活动目录（Active Directory，AD）域控制器才能实现有限的管理功能。

二、解决方案

文谷软件基于帅特龙自动化生产线的业务特性和特殊要求，对原虚拟桌面解决方案进行了特别改造，形成了更适合制造型企业并符合帅特龙特殊需求的云计算桌面系统，并使之成为真正的制造云。帅特龙定制的主要内容如下。

（1）以虚拟桌面为基础构架，所有的桌面环境全部部署于工厂的数据中心，生产线上仅仅部署云终端，从而实现桌面的显示与信息的交互，管理员通过数据管理工具可以在办公室一站式管理所有的云终端及虚拟桌面的资源。

（2）生产线上仅使用云终端连接显示器、扫描枪、条形码打印机等外设，没有鼠标和键盘，严格确保系统的安全性，防止因生产线员工误操作影响生产线数据与系统的安全。

（3）生产线员工开机即可直接进入文谷TSES系统，使用扫描枪进行用户登录、生产线数据采集与录入、用户登出等工作。

（4）特别选用文谷云虚拟桌面的桌面池功能，该功能的特点是以最小化的硬件资源，满足生产线用户分组、分班次作业的现实需求。用户以各自的身份登录，在每次开机时都将获得一个干净的、全新的工作桌面，从而保障了桌面内容的安全与统一，使管理员能够统一定制、修改、发布标准的生产线桌面模板。

三、应用效益

通过定制的生产线云计算桌面系统，帅特龙大大降低了生产线软硬件的维护管理成本，实现了标准化生产流程与全面掌控生产线的生产管理目标，并且通过各种定制的特色功能，在节省资源的前提下，进一步提升了用户使用与系统管理的便利性，全面保障了自动化生产线的高效生产需求。

具体案例二

场景驱动网络边缘——云雾计算

一、基本情况及问题

××炼化是国内最大的炼化一体化企业之一，1994年整体改制后在香港上市。目前集2300万吨/年的原油加工能力、100万吨/年的乙烯生产能力、4500万吨/年的海运码头吞吐能力，以及超过390万立方米的罐储能力于一体，构成“大炼油、大乙烯、大码头、大仓储”的产品格局，代表了我国炼油化工行业的先进水平，为宁波百强企业第一名，2016年，××炼化生产总值为944亿元。

该企业是国内最大的原油加工基地、含硫原油加工基地、成品油出口基地之一，在生产过程中，虽然有不同的数据采集方式，包括Wi-Fi、三家运营商的物联网卡、射频识别（Radio Frequency Identification，RFID）等多种接入方式，但因为××炼化厂区金属管道密布，地区防爆等级极高，所有无线信号覆盖均不合格，信号传输不稳定，传感器数据无法实时有效传输到控制中心，从而严重制约了该企业的自动化、数字化发展。甚至连生产调度对讲设备还是使用的模拟对讲设备，设备数字化程度低，形式单一，严重影响生产协同效率，如遇紧急突发事件，就无法做到有效备份保障。

二、解决方案

该企业通过网络边缘规划布局，积极引入边缘智能服务，提高中国电信的网络边缘智能优势，即在现有云网端（云计算、网络通信、终端应用的缩写）能力上，增强面向物联网应用场景的雾计算能力下沉，丰富网络边缘的企业智能化，形成云计算和雾计算结合的计算能力。

（1）结合网络数据中心（Data Center，DC）机房改造，统筹本地互联网数据中心（Internet Data Center，IDC），建设局部区域级的网络边缘云，逐渐完善“云+边缘”的云网融合资源布局。

（2）打造统一架构的网络边缘云平台和物联网关，根据场景按需提供视频智能分析、大数据实时计算、企业流程智能编排等智能化服务。

（3）网络边缘云化和智能化的作用：一是提升4K/8K视频、VR视频以及物联网连接海量数据的处理效率；二是构建运营商差异化优势的云网融合服务。

2017年9月，宁波电信提出移动边缘计算（Mobile Edge Computing，MEC）一体化解决方案。在该企业厂区原有7个基站的基础上，新增13个基站，对炼化厂区和算山港区实现了深度覆盖，形成稳定可靠的网络接入能力——400个用户可同时通过手机或者平板调阅现场视频监控，800个用户可同时通过终端进行数据文件访问，40000个用户可同时使用语音点呼。

网关下沉，搭建雾计算环境。通过边缘网关，企业可实现控制面与用户面数据的分离分流，网关下沉至企业机房，数据延时率实现指数级下降，业务数据不出园区，并在物理上隔绝与公网的连接，数据安全性得到提升，满足了大型国企的互联网安全要求。构建企业本地的边缘计算应用环境，企业部署了各类面向生产和管理的业务应用，在本地就近实现计算能力和连接能力的融合。

宁波电信将云计算、边缘计算和雾计算相结合，为××炼化企业搭建私有云，与MEC专网边缘计算能力做全面完善的云网融合。利用各感应元件、手持终端、监控等设备，通过MEC专网实时将数据传到私有云，真正做到实时上传、实时备份，从而使数据稳定可靠，万无一失。

应用场景规划有序。基础资源及安全数据库、生产、财务等存储和计算能力部署于雾计算环境，商务、办公管理、服务等业务应用部署于私有云环境。所有的通信数据都将在私有云做备份，其中视频数据基本保存1个月，通话记录保存3～6个月，做到园区内数据零丢失。

边缘计算技术顺应信息通信技术（Information Communications Technology，ICT）融合的大趋势，在移动边缘网络部署基于云架构的计算和存储能力，提供了更好的业务体验。MEC服务是5G核心网的关键网元，以体验至上为核心，未来网络业务处理能力下沉到尽可能地靠近客户侧。MEC一体化解决方案的核心元件能实现本地分流策略，因为其位于省干核心网和基站之间，可以灵活地根据三四层IP地址和业务使用类别来确定分流策略，避免本地流量迂回，从而实现企业数据流量实时传输的需求。

三、应用效益

（一）能力升级

企业通过宁波电信MEC一体化解决方案，将获得无线数传、本地计算、云计算的助力，实现大量智慧化管理、智能化应用的需求释放。在生产、管理领域，企业会获得极大的发展升级机会，打破能力天花板。以石化行业为例，其安全生产，涉及生产数据的实时传送、人员的精确定位、生产器具的精确管理等需求；其内部繁复的作业管理，涉及人工的审批、传递，多部门协调；其厂区园区的安全管理，涉及所产生的庞大的数据存储和数据结构化等需求。这些需求，均可通过MEC一体化解决方案得到快速实现。

（二）提高效率

××炼化企业采用了宁波电信的MEC一体化解决方案。宁波电信专业团队的服务，给该企业带来了诸多显著收益，主要体现在以下几个方面。

1. 智能巡检

智能巡检是企业生产管理的重要组成部分，以前的巡检过程是智能定点刷卡→离线数据记录→回到办公室再通过有线方式将巡检数据上传到系统中，智能化程度不够高，无法进行实时定位、轨迹回放、视频和照片上传、测温测震等功能。MEC一体化解决方案实行智能化、标准化的巡检，以规范人员作业，简化巡检人员操作。通过MEC专网，整合现有各类设备（小神探、天纳KV3000），并实现传感器的无线通信，构建新的移动数据采集终端，提高四定（定项目、定人员、定时间、定措施）过程数据的及时采集。通过MEC的无线数据传输能力和实时定位能力，提高巡检人员数据回传的时效性和作业规划性。

2. 仓储管理智能化

该企业的采购订单都是服务于具体的生产订单，所以物料在企业的流转过程是仓库收料到待检区→质检检测→仓库发料到各生产部。系统优化之前，信息流是这样的：仓库收料到仓库→仓库发料到生产订单。

通过宁波电信的MEC一体化解决方案，构建标签化数据中心，采用4G网卡识别技术，实现仓库物资管理的自动识别，提高物资盘点的速度和准确率。

3. 业务系统云化

该企业之前的生产管理系统都是基于传统的物理服务器，经常会出现一些问题，造成维护困难，如今通过MEC一体化解决方案使无线路由和本地服务器融合，并在私有云上承载企业生产管理系统，具有后期扩展容易、维护方便的优势，还通过云备份的方式把生产管理系统的数据上传到云端，预置多种备份策略，支持全量和全量/增量相结合的备份策略，用户可根据需求进行选择，从而保证数据的安全、可靠、不丢失。

例如，企业在私有云搭建融合通信平台，实现了语音、数据、视频、集群、公用电话交换网等诸多业务的融合，不仅丰富了企业的通信能力，优化了管理方法，更是让企业的应急指挥能力得到大幅度提升、优化。

（三）降低成本

宁波电信的MEC专网，实现了只用一个无线网解决企业的无线传输问题，消减了采用其他方式部署无线网络的成本，实现了统一管理。运营商级别的专业维护，取代了该企业原先的多网、多代理商复杂的组网模式。无线网络管理维护与之前多种无线网络承载相比，维护成本下降25%，且无线网络的稳定性、可靠性、信息安全性都有了质的飞跃。

企业内部原先使用的紫蜂协议（ZigBee）的阀门压力数据收集分发，组网复杂，耗资巨大，维护困难，网元繁多。目前采用MEC一体化解决方案，通过4G接入，直接进入私有云进行数据汇聚、存储，应用能力在本地雾计算平台就近部署。网络结构简单，承载能力得到极大提升，同时完全不需要布放大量光缆，节省了企业在这个领域70%的成本。

（四）安全生产

安全生产是企业生产的重中之重，通过MEC一体化解决方案中的定位功能，可以实时了解企业员工在核心区域的位置信息，一旦发生部分安全事故，可以第一时间知悉并通知相应区域人员撤离，了解掌握每一位员工的所在位置，能更好地配合消防人员采取更为合理有效的撤离营救方案。

例如，为保障安全，企业内部会有人员和器具的定位需求。目前定位技术已经相对成熟，但是如何实现定位数据的快速到达，同时嵌套内部的管理分析与判断的应用，是企业一直无法实现的能力痛点。MEC一体化解决方案，既能解决数据回传的难题，还能构建近端的雾计算能力，对于这类安全管理具有极大的适用性。

四、未来数字化、智能化建设规划

发展目标：减少人员依赖，降低生产成本，提升管理效率，增强企业竞争力，缩小与国际先进水平的差距。

建设要求：建设生产运行智能化，环保管理智能化，设备管理智能化，辅助决策智能化，安全管理智能化，产业链协同智能化的智能化工厂。

具体案例三

协鑫光伏切片智能工厂解决方案

一、基本情况及问题

协鑫光伏是全球最大的光伏硅片生产企业之一，其光伏硅片产量占全球30%以上。

硅片生产包括来料检验、粘胶、切片、脱胶、清洗、检验等环节。整个生产过程中产生包括“人机料法环”在内的大量数据。

在硅片生产过程中，协鑫光伏存在合格率不稳定、不同厂区/产线/班组合格率差异大等问题。企业迫切需要找到影响合格率的关键因素，进而提升合格率，并将合格率稳定在一个较高的水平。

二、解决方案

首先，企业将涉及切片、分析两个环节的MES系统数据收集整合至阿里云数据中心（包括离线批量采集和实时数据采集两个部分）。

接下来，企业对历史全量数据使用大数据计算服务（MaxCompute）做大数据离线计算，建立离线模型，综合利用分类算法、回归算法、文本分析、图算法、多维矩阵和向量机等通用算法模型，拟合工艺控制参数与合格率的关系。

同时，针对实时数据，企业利用模型进行监控分析、预警，并对合格率进行实时预测。

最终，企业将相关结果以生产监控报警、车间大屏幕和商业智能（Business Intelligence，BI）报表的方式展现给公司高层、生产线人员等不同的用户群。

另外，为了方便工艺人员展开合格率影响因素分析和工艺优化，项目方案还包括影响因素和建议工艺参数等工具包，工艺人员可以自行利用数据分析得到相关建议。

三、应用效益

项目交付之后，该企业有如下3个方面的提升效果：①产品合格率提升，提升1%的产品合格率，节省上亿元成本；②透明化生产，通过数据还原生产过程，实现可视化展示；③数据化管理，提高了企业的管理水平和生产效率。

（三）工业企业实现产品全生命周期优化

工业云平台在产品层，通过对产品从设计研发到生产销售全流程数据的打通，实现了产品全生命周期的优化。其应用场景主要体现在两个方面，一方面对设备运行数据进行全方位、多维度的实时采集与深度分析，通过与产品设计数据的打通集成，建立健康评估模型，提供运行决策和维护建议，实现设备故障提前预警、远程维护等设备健康管理服务的功能。另一方面，工业云平台将产品的实际状态信息和数字化模型融合在一起，实现了产品全生命周期数据的收集整理和跟踪反馈，使设计人员可以更深入地洞察该产品的状态、性能和行为，最终为产品后续的设计和改进提供参考，从而优化产品的设计，缩短产品的研发周期。

具体案例一

中车电车集团完成新能源远程监控系统——移动云平台部署

一、基本情况及问题

新能源汽车尤其是电动汽车，充电时间长，续航能力差，一直以来被认为是阻碍其普及的重要原因。

目前，由于无法把控整体车辆运行情况，故无法保障出厂车辆的安全性及故障维护率，同时由于无法有效实施车辆的调度，导致车辆召回率和报废率偏高，这大大增加了维护和残次成本的支出。

中车电车集团作为新能源公用车的领军企业，着力开发综合了GPS卫星定位、4G通信、地理信息系统、控制器局域网络（Controller Area Network，CAN）总线、海量数据处理分析等技术的一体化系统——新能源远程监控系统，实现了对新能源汽车的电池、电机、电控等车辆状态数据进行实时监控的功能。

二、解决方案

新能源远程监控系统通过和车载终端的联动，采用移动物联网卡实现实时监控、驾驶管理、运营管理、系统管理等功能，构建车载信息一体化的综合信息管理平台。该系统通过读取仪表盘以及车载终端传感器等参数的相关信息，使用前端物联网卡技术连接4G网络通道，将其传输至物联网平台，再通过自有平台进行数据分析，从而形成驾驶行为参数分析报告。通过车辆实时的数据监控，该系统可以及时发现异常问题，实现故障预警及保养提醒等功能，提高行车安全性。车载终端通过连接新能源汽车的CAN数据可以采集到车辆电机、电池、电控部分及车身信息。

新能源远程监控系统由基本资料管理、实时监控、终端远程控制、售后服务、报警信息、信息查询、报表分析、系统管理等模块构成。车载终端集数据采集、传输、存储、定位功能于一体，采用低功耗设计，其作为无线数据传输终端可将CAN数据/串口数据转换为IP数据，并通过无线通信网络进行传送。该系统被广泛运用于运输类、公交类车辆，实现车辆的实时定位及数据采集，实现车辆运行状况的实时监控。新能源远程监控系统一共历经3个阶段。

第一阶段，系统刚起步，系统接入车辆较少，系统业务处理不多，使用两台服务器起步（一台为应用服务器，一台为数据服务器），全部架设至移动公有云平台，同时提供云存储作为传感数据存储。

第二阶段，随着车辆的增加，所需处理的业务量和用户数据量也在不断增加，该系统采用移动公有云平台提供“集群+负载均衡”功能，以扩展服务器性能。

第三阶段，随着系统的不断升级，业务功能不断增多，使用的用户不断增加，而且车辆的数量也突破以前系统架构所能承载的范围，需提供全新系统框架及底层服务器。

三、应用效益

系统部署完成之后，打通了从前端全部车辆运行数据到物联网卡信息的关节，再通过4G通道传输到移动OneNET平台（中国移动打造的PaaS物联网开放平台），能使用后台对实时数据进行分析，同时后台服务器在移动公有云的支持下稳定运行。

整体业务数据传输成功率达到99.99%，几乎是零丢包率。有效完成了对车辆状态的实时监控，车辆故障率降低80%，安全性提高200%；车辆保养、隐患维护、油量提醒等实时率提升200%。同时，有效实现了车辆调度的有效性和无人化，调度人员减少5人，调度有效率提升100%，调度故障率降低50%。因而，在完成新能源远程监控系统部署至移动云平台之后，整体效益约提升40%。

具体案例二

航天电器电连接器智能工厂建设

一、基本情况及解决方案

针对电子元器件产品定制化需求高、研制周期长、订单延期率高等特点，在航天电器当前具有一定自动化水平的精密电连接器生产线的基础上，打造一个基于云平台，满足精密电连接器产品设计、工艺、制造、检测、物流等全生命周期的智能化要求的智能制造样板间，形成符合精密电连接器“多品种、小批量”特点的跨单位柔性生产制造模式。该智能制造样板间整体建设内容包括基于INDICS云平台建设云端能力需求计划（Capacity Requirements Planning，CRP）系统、协同产品定义（开发）管理（Collaborative Product Definition（Development）Management，CPDM）系统；实施有限产能计划排产系统；基于INDICS云平台应用工业物联网网关（Smart IoT），开展现场实时生产数据、设备数据采集与监控；应用VR技术搭建J599系列装配车间虚拟工厂，对厂房、产线、物流进行建模；应用AR技术提供基于增强虚拟现实的装配指导；实施云制造协同平台、产品生命周期管理（Product Lifecycle Management，PLM）、企业资源计划（Enterprise Resource Planning，ERP）、制造运营管理（Manufacturing Operations Management，MOM）、全集成自动化（Totally Integrated Automation，TIA）等各系统间的总体集成。构建以订单驱动面向J599系列产品全产业链协同，线上线下结合的业务模式，打造覆盖需求、运营、企业资源、研发设计、制造执行、物流、售后的面向全生命周期的精益管理控制平台。

二、应用效益

通过云端CRP系统、CPDM系统、云端大数据分析云协同平台建设，以及企业经营管理ERP、产品生命周期管理、生产过程管理MES和高级排产系统建设，航天电器完成客户在INDICS云平台下单到企业资源计划系统、车间全流程的打通及集成。生产效率提高40%，运营成本降低21%，产品研制周期缩短33%，合格不合格率降低56%，能源利用率提高21%，自动化率提升至60%。

（四）工业企业实现企业间资源协同

工业云平台在企业层基于供需数据的集成对接实现企业间协同制造。通过工业云平台部署，实现协同商务、协同研发、协同生产和智能服务等制造全产业链服务功能，实现复杂产品的网络化协同制造。具体表现在以下3个方面。

（1）实现设计协同。在云平台中进行云端设计，并基于云平台的协同能力，建立涵盖复杂产品多学科专业的虚拟样机系统，通过仿真完成系统级的整体评估和验证工作，实现复杂产品的多学科设计优化。

（2）实现生产协同。工业云平台提供线上核心工业软件服务，实现跨企业工艺协同，及管控以计划为主线的生产全流程（进度、质量）。

（3）实现供应链协同。工业云平台可以汇集供应链上下游企业需求、库存、销售以及外部环境数据，并通过共享服务将关键数据及时分发给各环节的用户。同时，客户可以借助工业云平台的数据挖掘能力基于历史数据进行销售预测，并根据上下游企业供需情况预测结果，通过共享数据实时地调整生产计划和产品交付周期，实现供需精准对接。

具体案例一

斯捷尔传动实现企业间资源协同

一、基本情况及问题

斯捷尔传动机械（杭州）有限公司是一家专业从事各类十字块万向联轴器、十字轴万向联轴器及各类农机用传动轴、工程机械传动轴、工业重型传动轴、汽车传动轴的开发和制造的公司。公司产品广泛用于机械、冶金、化工、农业、汽车等行业。

“质量第一，信誉至上”是公司的宗旨，公司拥有先进的数控加工设备和申克公司的动平衡试验设备，同时严格按照ISO9001规范组织生产，从而保证了每一个出厂产品的质量。同时合理的价格，及时的交货时间使公司在客户心中树立了良好的信誉形象，公司已与国内多家客户及厂家建立了稳固的供需关系。同时，公司80%的产品远销美国、德国、日本、意大利、马来西亚、澳大利亚等国家以及中东地区，深受客户的好评。

在公司刚成立的时候，公司的管理主要依靠手工记账、Office办公软件及部分进销存软件相结合的方式。这样的方式，导致信息不能及时流通，数据的搜集往往都是延后的。而且，繁多的物料造成生产、仓库和财务管理工作的困难，如生产计划的安排、生产产品容易搞错，仓库出入的品种和成本、库存数据不准确，甚至各部门之间对于某些半成品零件的叫法都是不统一的，部门之间的协同性比较差，制造过程比较混乱。与上游供应商及下游客户的沟通协调也存在很大的时间差和错误率，管理层想要获取有用的信息难度巨大。以前这些都是工作的难点，给公司日常管理工作带来了很多问题。

二、解决方案

结合公司发展的实际情况以及信息化建设规划，

在对软件的投入成本进行细致的分析之后，2015年，公司选择了浙江中之杰推出的中小企业云制造平台——一云通，以实现企业信息化建设，紧跟潮流，进入智能制造时代。

一云通的核心模块是云ERP、云MES、云OA和云条码、云供应链，一云通的快速实施方法是通过对公司的流程进行优化，让软件在两个月内迅速上线，公司日常的业务、采购、物流、生产顺利地在系统内流转。通过一云通，公司可以对员工、上游供应商、下游客户等进行约束与管理，不仅提高了日常业务数据的采集频率，而且大幅度提高了数据准确性。统一的数据平台让日常的业务数据可以在系统中通过报表的方式体现，一目了然地展示给相关的领导和员工。这样一来，不仅防止公司进行盲目的采购，而且也加强了公司对客户交期的管理和控制。上线使用后，公司的采购成本一年就降低了1000多万元。

随后，浙江中之杰又帮助公司将云MES、云条码、敏捷质量等模块应用上线，公司将自己的生产工艺、工序流转、生产进度、品质控制等与系统结合应用，基本实现了资金流、业务流、事务流、信息流的四流合一。信息化管理系统成为公司快速健康发展的助推器。

三、应用效益

公司在2015年初引入该项目，目前，整个公司已经全线打通，从最初的业务下单，到生产环节的跟踪，再根据物料需求计划核算整个订单的用料、成本等，公司通过一云通极大地提升了整个公司的运营效率，将每个部门有效地串联成一条线。公司在使用一云通后，整个公司的业务流程呈闭环状态，信息的传递准确性和及时性得到了保证。对于采购部来说，通过系统的安全库存提醒及物料需求情况，可以及时安排采购，库存周转率提升了70%，原材料采购周期缩短了50%，通过系统的汇总功能，由之前的按单采购，逐渐转为预测式集中采购，成本降低20%左右。公司在摒弃以前的系统，转为使用一云通后，不需要再支付昂贵的服务费和IT人员的费用，这种云模式的总体费用比传统信息化服务模式减少近80%，使公司经营成本整体下降，利润提升20%。

四、未来数字化、智能化建设规划

目前，公司正准备投入新的资金用于购买机器人、AGV、视觉识别等硬件，并升级目前的MES系统，打造数字化工厂，走数字化、网络化、智能化建设之路。

具体案例二

某共享单车新型车牌集中生产组织——生意帮协同智造众包平台

一、基本情况及问题

共享单车具有“新、多、快”的特点。“新”就是在很短的时间内会开发出各个零配件的新产品，快速迭代；“多”就是一旦投入生产，单品的生产规模非常大，至少是百万级别的；“快”就是新品开发速度快，一旦定下来，规模化生产的速度也要快，要在很短的时间内产量爆发式增长并稳定生产。简单地说，一般工厂可能要花半年到一年的时间完成一个新产品的开发、打样、试生产、批量生产，而共享单车的开发到批量生产则需要在一个月内完成。这对任何工厂来说，都是一项很难完成的任务。

ofo小黄车的车牌一直是它的一个痛点，传统铝制车牌容易被刮花和破坏，因此，ofo公司对车牌进行了重新设计，做成双面聚碳酸酯（Polycarbonate，PC）新型车牌。完成设计之后，却在供应商的选择上遇到困难，像富士康这样的大型工厂都表示至少需要45天才能完成生产，而且报价也比较高。

二、解决方案

ofo公司使用生意帮协同智造众包平台之后，该平台对车牌进行了结构改良，并且根据改良后的结构进行了生产方案设计，将一个车牌分拆成13个不同的环节，分别形成生产指导书，指导不同的工厂进行生产，同时，进行生产统筹。2天就完成打样，5天完成工艺优化并统筹生产，15天达到日产10万套，45天完成235万套的生产任务。利用云平台的力量，ofo公司一共组织了40多家中小工厂联合生产，完成了连富士康都无法完成的规模化生产，实现了短时间内产能的集中调度和高效利用，将柔性供应链的“柔性”发挥到极致，具有里程碑式的意义。

三、应用效益

在这过程中，前期，ofo公司充分利用了云平台的海量供应商数据库来寻找和匹配供应商。该平台在生产组织过程中，通过协同生产管理系统来分发生产作业指导、进行实时生产管控和产能调度，而且后期随车牌一起提供给ofo公司一套产品溯源系统。通过该系统，ofo公司可以准确查询定位每一个车牌的生产厂家和不同号码段装箱分布情况。因而易联集团（生意帮协同智造众包平台运营主体）也成为ofo公司速度最快、服务最优的服务商之一，同时价格也极具竞争优势。对整个社会来说，这是利用了闲置产能（没有新建产能），是产能共享、绿色制造的另一种创新模式。

（五）工业云平台实现业务模式创新

工业云平台通过挖掘工业设备的数据价值，助力企业的业务模式创新，实现平台服务的价值延伸。工业互联平台技术的快速发展带来了业务模式的变革，尤其在产业链金融、大规模个性化定制、服务型制造、共享经济等方面形成了创新型模式和业态。具体表现在以下3个方面。

（1）产业链金融。工业云平台通过融合工业数据、融资贷款、金融征信与资产风险管控数据，重点解决企业资产管理、信用风险评级和融资贷款等问题。

（2）服务型制造。工业云平台基于实时数据，支撑企业实现从硬件收入到服务收入的模式创新，包括面向硬件的服务费用以及基于云平台的软件收入。

（3）共享经济。工业云平台利用区块链共享账本、记录不易篡改等特性，针对制造企业、产业金融机构提供融资租赁和运营租赁业务。

具体案例一

宁波慈星股份有限公司大规模个性定制

抬手、站立、侧身，智能化的身体采集系统在4~8秒内即可完成人体测量，并在屏幕上生成1：1的三维人体模型。用户可在模型上进行换衣试穿，如果对款式、花色等不满意，还可以自己动手修改。这么智能的量身定制来自宁波慈星股份有限公司（以下简称“慈星股份”）研发的3D针织服装定制技术。

服装个性化定制本质上是用工业化流程高效生产个性化产品，相比传统的产销模式，不仅可以让销售终端通过互联网方式直接与生产商对接，消除经销商环节的层层加价，而且可以减少生产商及终端销售商的库存积压损失，提高整个行业的产品流通及销售效率。慈星股份董事长孙平范介绍，慈星股份实施了两化融合示范项目——物联网下的服装个性化定制与服务型工业企业转型，从而建立一个全新的、面向国际服装市场的“D2M2B”（此为个性定制制造销售，可以理解为设计对制造再对企业的电子商务模式）生态系统。

通过电子商务、企业资源计划、供应链管理、信息化管理等系统，慈星股份将设计、生产、营销以及供应商等各大系统进行连接，实现众包设计、智能生产供应管理、可追溯订单交付、个性化柔性定制的全流程服务，进而建立一个全新的针织服装产业链运作的规则。慈星云定制平台的思路在孙平范心中酝酿已久：整合集聚服装原材料、辅料、智能纺织装备、设计师、电商平台、品牌服装等众多资源，各自分工合作，先在适当个体中建立样板智能工厂，展开带头示范，建立新的协作规则，边示范边拓展，最终达到促进产业升级的目标，形成更广泛的以物联网为基础设施和以互联网为实现工具的产业协作经济发展新形态。

具体案例二

锦浪新能源光伏电站云数据中心及运维管理平台

一、基本情况及问题

随着光伏新能源产业的发展，新能源尤其是光伏电站一直因安装地址偏僻、点位分散，导致设备无法实现实时监控管理，这也是其无法普及的重要原因。宁波锦浪新能源科技股份有限公司（以下简称“锦浪”）作为光伏新能源的领军企业，着力开发逆变器的数据（包括输入直流电压、电流，输出电压、电流，频率，累计发电量，温度，计时等数据），该数据在锦浪给予的接口参数规定下，通过串口传输至通信模块，再通过GSM/GPRS模组或Wi-Fi模组传输至云平台，然后呈现给用户或者自己分析数据。

目前，由于整体远端设备运行情况无法把控，故设备安全性及故障维护率无法保障，同时对调度也无法有效实施，这大大增加了维护和残次成本的支出。

二、解决方案

锦浪采用“物联网+移动云”实现光伏电站云数据中心的管理。

光伏电站云数据中心及运维管理平台是以实现集中监控管理全球不同地域的电站而进行开发设计的，并为全球电站提供接入服务，其主要由子站数据采集系统和光伏电站云数据中心及运维管理平台两部分组成。子站数据采集系统实时采集各光伏电站运行参数数据，通过互联网或GPRS无线远程传送到数据中心服务器内。数据中心服务器对每个电站数据进行汇总、分析、管理和展示，实现区域内所有光伏电站的状态监控和运行指导。数据中心支持用户通过互联网或智能手机终端远程登录查询。

光伏电站云数据中心及运维管理平台的建设为实现光伏电站无人值守、投资安全、最优运行、最佳维护提供技术保障。

1. 系统架构

光伏电站云数据中心及运维管理平台采用“浏览器/服务器（Browser/Server，B/S）+客户端/服务器（Client/Server，C/S）”相结合的模式，管理和维护的工作都集中于云服务器，极大地减少了系统维护的工作量。系统总体架构如图5-1所示。

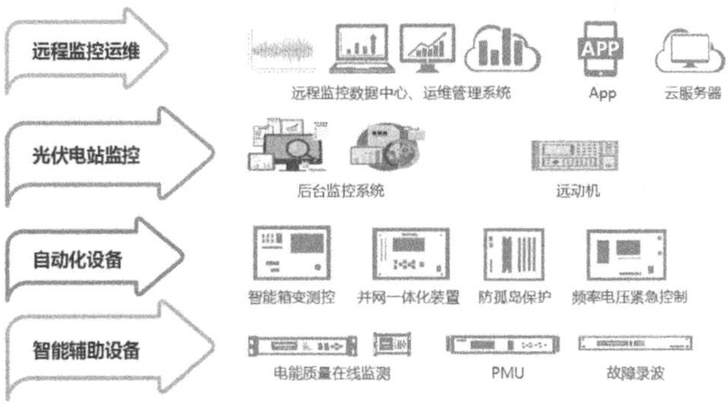

图5-1 系统总体架构

2. 云数据中心

光伏电站云数据中心及运维管理平台是一个为用户提供专业的光伏监控、分析、管理和在线展示的平台，能够为用户完美解决分布式光伏电站的三大难题——规范化管理、减少工作量和提高工作效率。通过光伏数据电站信息化的引入，规范电站管理模式，降低电站运营人员工作量，全面提升光伏电站运营管理效率，并为电站投资建设决策提供有力保障。该系统由硬件系统、数据处理及分析、Web门户网站、集控中心等4部分组成。

硬件系统：包括采集设备，传输设备及云中心服务器。

数据处理及分析：针对电站数据进行分析处理，可提供详细的电站整体及设备单元的运行状况，并对运维管理进行指导。

Web门户网站：标准的B/S架构，支持跨平台显示，形象展示电站分布及运行状态。

集控中心：面向大型电站用户开发的集控中心系统能够全面展示电站数据，在计算机客户端中展示数据分析处理结果，保障运管人员实时调阅处理。

三、应用效益

系统部署完成之后，打通了从前端设备运行情况数据到物联网卡信息，再通过4G通道传输到云平台及移动OneNET平台的连接，使用后台对实时数据进行分析，同时后台服务器在移动公有云的支持下稳定运行。

整体业务数据传输成功率达到99.99%，几乎零丢包率。有效完成了对设备状态的实时监控，设备故障率降低80%，安全性提高150%。同时，有效实现了调度的有效性和无人化，调度人员减少10人，调度有效率提升100%，调度故障率降低55%。完成新能源远程监控系统移动云平台部署之后，整体效益约提升45%。

（六）工业企业采用不同部署方式应用案例

工业企业在实际应用中根据不同应用场景、企业预算及技术要求会选择不同的部署方式，按照部署方式可分为私有云、公有云及混合云。

具体案例

海尔施生物医药混合云部署加速企业发展

一、基本情况及问题

海尔施生物医药股份有限公司（以下简称“海尔施”）成立于1998年10月21日，前身为宁波海尔施进出口有限公司，公司总部位于美丽的港口城市宁波，在北京、上海、南京等地均设有办事机构或子公司。目前，公司旗下拥有浙江海尔施医疗设备有限公司、上海海尔施诊断产品有限公司、宁波海尔施医学有限责任公司、宁波海尔施基因科技有限公司、宁波海尔施医学检验有限公司、上海海尔施供应链管理有限公司、宁波大红鹰药业股份有限公司及宁波四明恩康生物科技有限公司等十家全资或控股子公司，主营业务为体外诊断产品的经营和药品的研发、生产、销售。

海尔施共有员工600余人，其中海外留学归国人员、博士、硕士及高级职称专业技术人员60余人。公司与美国贝克曼库尔特公司、美国美艾利尔公司、美国IMMUCOR公司、美国BIO-RAD公司、西班牙沃芬集团建立了长期稳定的战略合作关系，通过一体化诊断产品销售服务模式，向大中型医院提供体外诊断仪器及配套试剂等相关产品，并提供综合技术服务。截至目前，海尔施已累计安装了2000台体外诊断仪器及20余套实验室自动化流水线设备，已与江浙沪等地区的400多家医疗机构建立了长期稳定的合作关系。

2017年，海尔施上线一套新的业务云平台系统，项目经过客户经理争取，客户选择使用联通沃云混合云架构进行业务部署。客户希望尽快通过该平台的建设，强化信息管理能力，提升企业自身的生产安全监管能力及销售能力。

二、解决方案

本项目由宁波联通负责投资符合业主方要求的防火墙、应用服务器、磁盘阵列、光纤交换机、数据库服务器等设备，同时提供公有云主机进行对外应用的前置机部署及核心数据的异地容灾。

1．私有云部分

该部分主要包括IDC机房42U标准机柜1个，应用服务器3台，数据库服务器2台，存储整列2套，光交换机2台，防火墙1台，并通过虚拟化技术组成私有云资源池，互联网带宽达到100Mbit/s。

2．公有云部分

该部分主要包括弹性云主机5台，虚拟路由器1个，互联网带宽达到50Mbit/s，用于对外应用的前置服务器。

3．传输部分

宁波私有云机房与联通杭州公有云资源池通过MPLS-VPN方式组网互通，进行数据互通及核心输入容灾。

系统总体架构如图5-2所示。

三、应用效益

本项目由宁波联通投资建设信息化混合云平台，

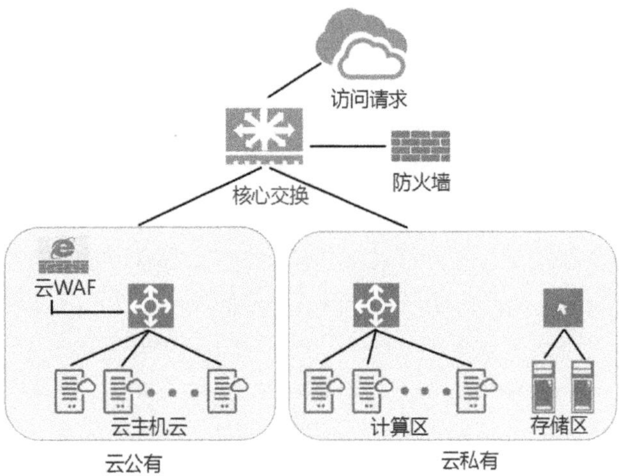

图5-2　系统总体架构

向海尔施提供IaaS层服务。宁波联通根据客户原有信息系统平台的情况以及客户需求，结合应用软件情况，给出了设备部署、主机系统与网络系统的实施方案。该项目按照实施方案进行，成功地实现了海尔施生产销售等重要信息系统化云平台的建设迁移工作。项目实施后各类业务逐步迁转至云平台，目前系统运行稳定。

第6章 工业云平台服务商案例

（一）中小企业云制造平台——一云通

1. 基本概况

浙江中之杰智能系统有限公司（以下简称“浙江中之杰”）是一家以云计算技术、智能系统集成为核心，集智能软硬件销售、研发、咨询、教育及云平台运营、智能制造服务于一体的新一代信息技术产业公司。公司主营业务包括中小企业云制造平台——一云通、数字车间一体化方案——D-work、园区智慧管理云平台——一园通、计算机系统集成、智能技术应用、智能装备、工业工程解决方案、云计算工程解决方案及相关软硬件产品研发、教育培训服务等。浙江中之杰拥有的“中小企业云制造平台——一云通”成功入选工业和信息化部2017年制造业与互联网融合发展试点示范工业云平台、工业和信息化部2017年服务型制造示范平台、浙江省服务型制造示范平台（第一批），并成为“制造业+互联网”优秀公共服务平台。同时，浙江中之杰是中国智能制造系统解决方案供应商之一，高新技术企业之一，浙江省首批云工程与云产业重点企业研究院之一，《工业企业上云应用指南》发起单位之一，宁波市智能制造十佳工业工程服务公司之一。其总部位于浙江省宁波市国家高新区，并相继在西安、杭州、苏州、南京、北京、上海、武汉、深圳、广州等地建立了直属机构及服务网络，客户遍布全国各地。

目前，浙江中之杰运营着中小企业云制造平台——一云通，该平台以“互联网+制造+物联网”的思维，高度集成云PLM、云ERP、云MES、云OA、云CRM、云条码、云盘、云邮件、微微等核心信息化应用系统。平台以工业互联的模式，运用云计算技术为中小企业提供云制造解决方案，企业无需购买服务器等软硬件设备，采用购买服务的方式能大幅度削减运维人员的数量，降低近80%的成本，解决了中小企业管理过程的研发、设计、财务、采购、销售、库存、生产、人力资源、数据采集、大数据分析、商业智能、移动终端办公等方面的一系列问题。打通企业内外部营销、生产、销售、仓库、物流、售后全产业链的协同，实现中小企业的资金流、信息流、业务流、物流的四流合一，同时，平台支持Mac OS、Windows、iOS、Android等电脑或手机端同步使用，提供标准及开放的数据接口与上下游业务伙伴信息集成，推动制造业转型升级，实现数字化、网络化、智能化。一云通是落实“中国制造2025”、“百万企业上云”和《国务院关于深化“互联网+先进制造业”发展工业互联网的指导意见》的典型范例。

中小企业云制造平台——一云通在业界内的品牌美誉度正在不断增强，平台也获得了政府及社会各界的关注和肯定。工业和信息化部原副部长杨学山、工业和信息化部信息化和软件服务业司司长谢少锋等各级领导多次参观考察一云通。中山市经济和信息化局、潍坊市经济和信息化委员会、天津市工业和信息化委员会、金华市经济和信息化委员会、温州市经济和信息化委员会、舟山市经济和信息化委员会、四川省经济和信息化委员会等各地政府部门也多次前来考察学习一云通的建设经验，同时建立战略合作关系，把平台的创新模式复制到当地，服务于当地的中小制造企业，促进当地中小制造企业的转型升级和数字化制造。

下一步，浙江中之杰将深入集成机器人、机器视觉、AGV/RGV、数控机床等设备，进行设备接入、协议解析，全面打通硬件层、控制层、车间层、工厂层和协同层的连接通道。采用公有云、私有云或者混合云等方式，打造“互联网+制造+物联网+人工智能”四位一体的工业互联网平台解决方案，帮助广大中小企业构建高效、节能、绿色、环保、舒适的人性化工厂，促进中小企业数字化建设，推动智能制造发展。

伴随着浙江中之杰在业内影响不断壮大，目前已经有诸多世界500强、中国500强企业纷纷同浙江中之杰开展了不同层面的业务合作，它们分别是腾讯、华为、SAP、中国移动、中国联通、航天云网、上海明匠智能、中国银行、宁波银行、中信银行、浦发银行、宁波市8718中小企业公共服务平台、浙江大学软件学院等。浙江中之杰的团队致力于与500强企业联手为宁波市乃至中国2000万家成长型制造企业服务终身，建设利于中小制造企业生存与发展的优良生态系统，把浙江中之杰打造成为世界一流的工业云平台服务商、智能制造系统集成解决方案提供商。

2. 一云通的创新性

（1）运用商业智能（Business Intelligence，BI）实时分析技术，用户可以直接对大量实时业务数据进行查询和分析，不再需要对业务数据进行建模、聚合等，解决了传统服务器受数据存储速度限制问题，平台创新性如图6-1所示。

（2）云端管理。让企业用户以租赁的形式，低价使用云端一体化集成解决方案。云PLM、云ERP、云OA、云条码、云MES、云CRM、云盘、云邮件、微微等核心信息化应用系统，真正实现按需随选，解决中小企业信息化和数字化建设缺资金、缺人才的“两缺”难题，降低近80%的企业整体运营成本，平台应用如图6-2所示。

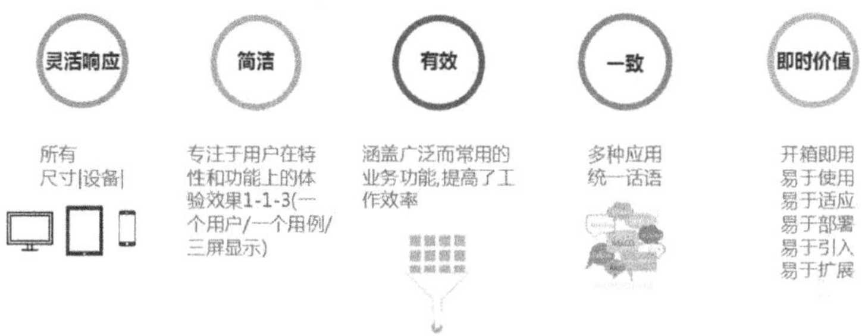

图6-1 一云通平台创新性

图6-2 一云通平台应用

（3）利用协同/商务网络创新。一云通集成大型企业全供应链上的分支结构——客户、供应商、分销商等，实现产业链协同，解决信息鸿沟问题，打造数字车间、电商平台。

（4）一云通无缝集成智能无线终端硬件（工位机、手机、条码枪、手持机、电子标签、打印机、电子看板、视觉识别、传感器等），让协同制造变得简单、易操作、易推广，比传统方式更高效。

（5）一云通打通全产业链的协同，实现四流合一，让企业管理者能够第一时间进行管理决策，该平台应用场景如图6-3所示。

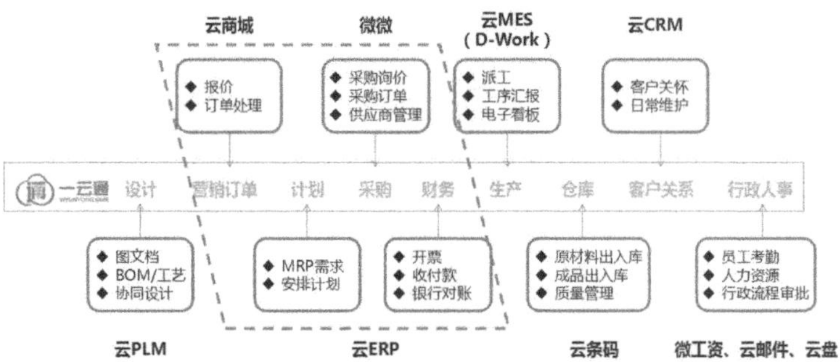

图6-3　一云通平台应用场景

（6）一云通支持Mac OS、Windows、iOS、Android等电脑和手机端同步使用，并通过网络随时、随需访问，解决传统模式下电脑客户端部署困难、应用复杂等问题。

（7）单点认证。一云通采用中央认证服务（Central Authentication Server，CAS）等一系列开源框架，多个系统只需认证一次。

一云通通过互联网与产业链各环节紧密协同，促进生产、质量控制和运营管理系统全面互联，提升网络化协同制造、服务型制造水平，形成更广泛的以“互联网+”为创新要素的制造业模式发展新形态。

3. 一云通的市场前景分析

在“中国制造2025”、“百万企业上云”和《国务院关于深化“互联网+先进制造业”发展工业互联网的指导意见》政策引领下，大多数中小制造企业都希望能够低价购买可靠的云制造系统服务产品。这一服务包括诊断、规划、实施、运行维护的全过程，以及覆盖研发设计、生产制造、经营管理、市场营销等环节的一体化云端解决方案。而一云通刚好匹配了广大中小制造企业的需求，解决企业难题，推动工业企业转型升级，实现数字化、网络化、智能化。

云平台聚焦中小制造企业，当前已为5400多家中小制造企业提供了云制造及系统集成解决方案服务。云平台可全方位提供企业各阶段发展所需的云制造解决方案，企业可根据自身发展需求随时增加信息化应用系统，云平台根据不同的服务包内容设定了标准的服务价格，并每年收取一定的服务费。

中国拥有大量的中小制造企业，它们整体的信息化和数字化应用水平不高。在新一代信息技术应用快速普及的背景下，中小制造企业的信息化和数字化建设仍处于非成熟阶段，整体应用水平不高。云平台的建设从中小制造企业的实际需求出发，运用“互联网+制造+物联网”的思维，围绕中小制造企业数字化、网络化、智能化的建设路径，搭建一个低成本、高效益的创新型工业云制造平台，能够充分满足中小制造企业发展过程中新一代信息技术应用需求。

（二）文谷智能工业云平台

浙江文谷软件有限公司（以下简称“文谷软件”）是一家

专注于智慧制造领域，以“服务超越期望”的核心价值理念，为各类制造型企业提供工业云服务、工业大脑智能管理系统、数字化工厂、制造执行系统等集成一体化解决方案的高新技术企业。

文谷软件成立于2011年，总部位于浙江省宁波市鄞州南部商务区，设有浙江文谷软件有限公司和上海文谷软件有限公司两家公司，并在数个省开设办事机构。为更好地服务制造企业，设立了试验基地和技术研究院，聘请国内知名院校专家、大型工业集团专业人才作为公司的技术顾问。经过数年的发展，文谷软件目前已成为宁波市“中国制造2025”的优秀制造服务软件系统提供商，并获得宁波市2016年度优秀“制造业+物联网”公共服务平台的荣誉，文谷产品和服务在博格华纳、霍尼韦尔、中国中车、众泰集团、万向集团、佛吉亚、得力集团、帅特龙集团、华翔集团等大型集团企业进行了广泛部署，并得到了成熟应用。

其中，文谷智能工业云平台，简称文谷云，是文谷软件专门为制造业打造的从产品设计到售后使用的全生态应用及数据服务平台，致力为制造企业提供一个数据共享、资源互补、互相促进的智慧云平台。该平台基于“制造+互联网+数据”的思维，涵盖了设计工艺云、制造资源云、生产协同云、供应链服务云、售后服务云等核心制造应用及数据服务，为广大制造企业提供更加便捷、安全、高效的云服务，不但帮助企业提质增效，同时也促使企业走产品设计与工艺标准化道路，通过执行过程中采集到的数据，不断持续改进完善标准，最终全面提高产品的质量。该平台架构如图6-4所示。

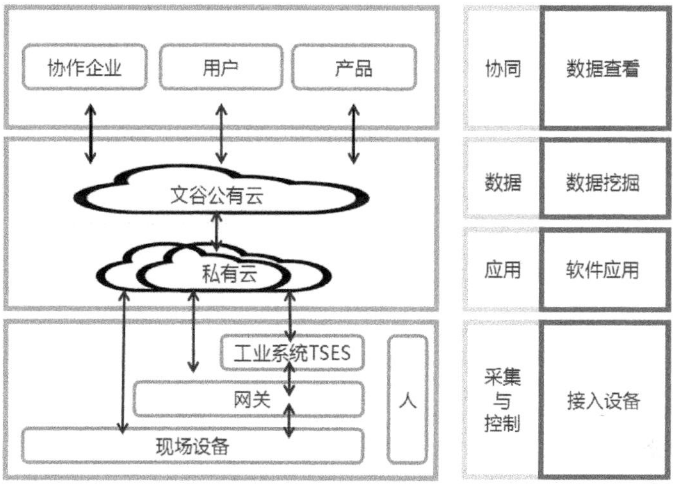

图6-4 文谷云平台架构

文谷云将所有资源深入整合，汇聚了大量的产能、资源、质量、工艺数据，为制造业淘汰落后产能，发展技术创新，提高质量控制提供了准确有效的信息，为产业结构性改革提供了确实依据，从而为制造业向前迅速发展提供了可靠的进化空间。

（1）设计工艺云：通过工艺标准化形成经验库并持续改进。

目前我国产品设计标准化已经得到普遍应用，但由于工艺过程错综复杂、灵活多变，大部分企业工艺都是靠师傅带徒弟，大多数只做到了标准作业指导，对各个工艺环节流程及“人机料法环”等要素的控制几乎为零，造成产品报废率高、质量不稳定。云平台通过工艺结构化描述，让企业知道如何描述产品的工艺过程，引导企业走标准化路线，形成经验库并持续改进，帮助企业全面提升产品质量。

（2）制造资源云：资源共享，避免资源浪费。

粗放的发展方式带来了产能的普遍过剩。对于劳动密集型企业来说，制造资源单一（主要是“人”），但在大部分现代制造业领域中，制造资源再利用涉及资源与工艺的适配壁垒。云平台通过对制造资源（人力资源、设备、工装、量检具）的标准描述（规格、参数、性能等）以及空余资源分布图的提供，为制造资源共享提供数据支持，避免浪费。

（3）生产协同云：组织协同带来效率提升。

我国劳动生产率水平仅为世界平均水平的45%左右，美国的8%左右。这不仅仅是因为我国的自动化水平不高，更在于企业组织管理能力落后。云平台提供一套卓越的生产组织系统，包括人（培训、资质、绩效、协同）、设备（专业维护PM、自主维护AM体系）、物料（制造BOM）等资源科学管理工具，以及生产过程的实时数据反馈与分析，帮助企业全面提升效率。

（4）供应链服务云：信息透明打造诚信生态。

企业与供应商之间的信息（如供应商能力、产品开发进度、采购需求、订单状态、产品工艺过程及输出的质量数据等）不透明，上下游之间彼此不信任，这也是需要解决的问题。云平台通过科学的统计方法，自动的数据采集手段，为供应链上的企业打造透明诚信的生态，减少不必要的浪费，提高生产效率。

（5）售后服务云：全国可追溯性与主动服务。

通过设备维修需求平台，让设备服务委外成为可能，而且全过程具有可追溯性。通过对产品设计、制造、流通，以及整个使用过程中各环节的人、设备、工装、加工参数、质量等数据的追溯分析，不仅可以找出各个环节的责任单位，还能为改进产品质量提供数据支持。

（三）移动云

中国移动基于云计算技术，采用互联网模式，面向政府部门、企业客户推出了移动云业务，该移动云提供弹性计算、弹性存储、云网络和云安全等基础设施产品，以及数据库、应用服务与中间件、大规模计算与分析等平台服务产品，并通过开放云市场引入海量优质应用。针对不同行业特点和客户需求，结合专线、内容分发网络（Content Delivery Network，CDN）等优质网络资源，移动云提供面向政府、金融、医疗、教育、互联网等行业的个性化解决方案，提供一站式定制化私有云和混合云的解决方案。该平台架构如图6-5所示。

图6-5　移动云平台架构

移动云产品特点如下。

1．部署周期短，业务上线快

在传统IT系统建设模式下，设备选型完成后，完成设备到货、安装部署、软硬件调测等工作通常需要数周甚至数月的时间，而移动云支持客户进行自助式产品订购与系统搭建，从资源申请到能力提供可在1小时内完成。通过移动云，可大幅缩短系统部署周期，加快客户业务上线速度，使客户能更快地响应市场需求。

2．按需使用，降低成本

在传统IT系统建设模式下，客户前期需投入大量资金购置IT设备，面临资源闲置或者资源不足的风险；为了确保系统稳定运行，需要专人进行硬件系统维护，增加了人力成本。移动云提供多种灵活的计费方式，支持客户按需订购基础资源，客户可根据业务发展状态订购或退订云产品，按需使用，按需付费，从而大幅降低IT系统投资；同时移动云由专业维护团队进行基础设施维护，客户亦可节约硬件维护的人力成本。

3．产品丰富，满足不同客户需求

完善的产品体系可以满足不同客户需求，针对大中型企业、政府等客户，移动云提供基础设施产品、平台服务产品等标准基础能力和定制化服务；针对中小型企业客户，移动云提供即买即用的开放云市场应用，满足客户生产、运营、营销等IT系统需求。

4．安全可信，服务质量有保证

中国移动利用专业的防火墙、入侵检测系统、攻击防护系统等技术手段提升移动云安全基线。移动云业务通过了国际权威的ISO20000及ISO27001认证，通过了数据中心联盟可信云服务认证，成为首批可信云服务商；荣获2013—2014年度医疗云服务奖，2014—2015年度资源管理技术创新奖，2016—2017年度政务云服务奖；并通过2017年可信云混合云解决方案认证、中国电子技术标准化研究院“云计算参考框架”云服务认证；获得2017年可信云IT保险创新首批先行示范单位称号。

为保证云服务的高可靠性，移动云系统在软硬件层面采用数据多副本容错、心跳检测等技术手段，在设施层面的能源、制冷和网络接入上则采用冗余设计等方法。

移动云秉承中国移动“客户为根，服务为本”的服务理念，为客户提供高质量的“7×24小时”的服务保证。

5．基础资源能力丰富，移动互联网客户群规模大

中国移动在全国范围拥有丰富的网络、数据中心等基础设施，能够快速提供高质量的云计算服务。通过与专线、短彩信、地图定位等业务组合，可提供优质完善的解决方案。

中国移动拥有规模庞大的移动互联网客户群，利用移动云的资源与网络，可以更好地为移动互联网客户服务，促进客户的业务发展。

6．核心技术拥有完全自主知识产权，适合保密等级高的政府部门

移动云的计算虚拟化、存储虚拟化等核心系统采用中国移动自主研发的“大云”产品，已累计申请发明专利176项，已获国际授权1项，国内授权27项。能够为政府部门、事业单位、央企国企提供保密性强的IT设施环境。

移动云在分布式调度、全对称设计技术、多数据中心动态调度和热备等技术方面有重要创新，自主研发了弹性计算、对象存储、弹性块存储、并行数据挖掘、分布式关系型数据库、虚拟安全服务等核心组件，具备高可扩展、高可用、高性能、高可靠及高安全的特点，形成了具有自主知识产权的云计算产品体系，构建了全国分布式共享的公有云平台。

7．一站式个性化的解决方案

移动云针对不同客户需求，基于完善的产品体系，结合专线、IDC、CDN等为客户提供个性化解决方案，客户可结合业务场景、业务量等因素选择高、中、低等不同的解决方案。移动云已与教育部等相关单位开展合作，形成了“国家教育资源公共服务平台”“国京证券跨境云平台”等一系列典型应用平台。

（四）航天云网INDICS云平台

航天科工集团于2015年6月15日正式推出其云平台产品，经过持续优化，形成现在的航天云网INDICS云平台（以下简称“INDICS云平台”）。平台架构如图6-6所示。

INDICS云平台总体架构包括资源层、工业物联网层、平台接入层、INDICS云平台层和INDICS工业应用App层。其中，平台接入层提供INDICS-API软件接入接口和Smart IoT系列智能网关接入产品，支持各类工业设备和工业产品的接入，支持各类制造资源/产品的接入。INDICS云平台层提供云资源基础设施管理、大数据管理和应用支撑公共服务等云服务功能。INDICS工业应用App层提供了智能研发、智能生产、智能商务和智能服务（以远程监控、智能诊断、售后服务、资产管理为核心）等全产业链的工业应用服务功能。INDICS云平台的安全体系和标准体系为智能制造系统的用户身份、资源访问和数据等提供安全保障。目前，该平台已应用于高端装备、模具、家具、电子、汽车、新材料等制造行业和领域，为近百家企业提供了基于云平台的整体解决方案。

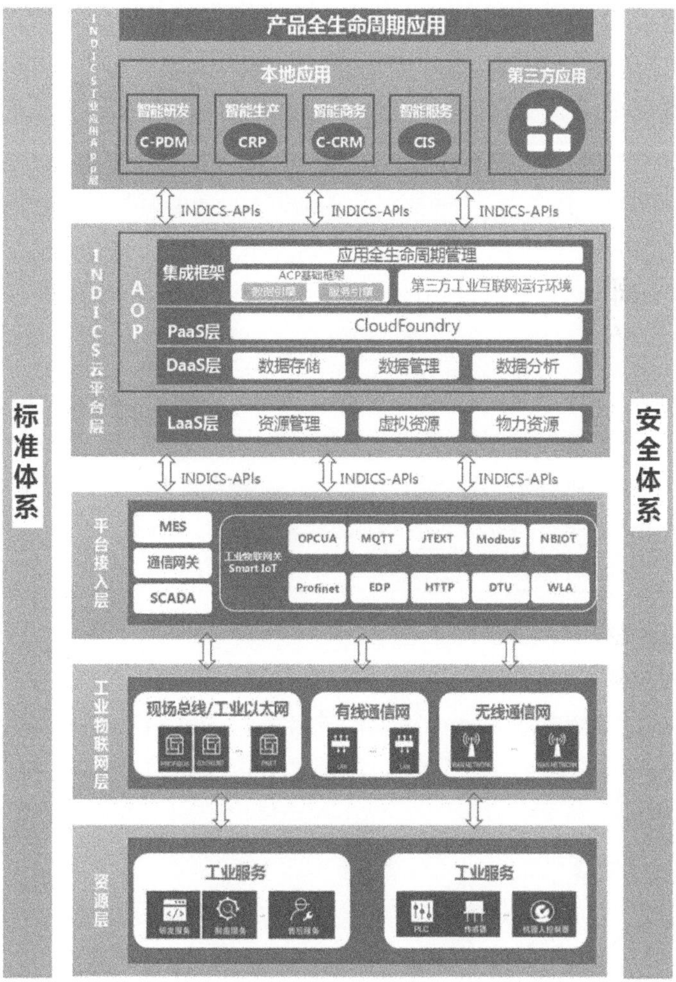

图6-6 INDICS云平台架构

（五）华为公司的企业云服务

随着云计算、大数据、物联网、移动化等ICT创新技术对各个行业的影响持续加强，客户商业模式、企业IT架构、产业生态圈都在发生着变化。华为聚焦ICT基础架构，围绕客户业务痛点与战略诉求，与合作伙伴在技术、硬件、软件、服务、市场等领域全面合作、联合创新，为客户提供创新、差异化和领先的产品与解决方案，帮助客户获得商业成功。目前，在全球财富500强中有190多家，全球财富100强中有40多家领先企业，选择了华为作为数字化转型的伙伴。

依托强大的研发和综合技术能力，华为面向企业市场打造一个开放、弹性、灵活、安全的云平台，构筑合作多赢的新生态。华为在企业业务领域，携手客户和合作伙伴联合创新，助力政府及公共事业、金融、能源、交通、制造等各行业客户引领新ICT时代，完成以“敏捷和智能化”为核心的数字化升级。2016年，在企业业务领域，华为聚焦ICT基础设施，与合作伙伴一起助力公共安全与政务、金融、能源、交通等重点行业数字化转型，实现销售收入407亿元，同比增长47%。

华为持续投入云计算及相关技术和产品研发已近10年，在存储、计算、云数据中心等领域取得了长足的进步。2010年华为发布了云战略，2015年在中国区发布了企业云服务，同时在全球市场与电信运营商合作发展公有云。为了更好地支持云服务业务的发展，2017年，华为专门成立了Cloud BU，这是一个基于公有云业务把产品、运维、运营实现端到端打通的组织，增加投入2000人，全力构建并提供世界一流的公有云服务。华为之所以有这样的业务考虑，主要是基于对如下业界趋势和挑战的敏锐洞察后所做的必然选择。

（1）智能社会加速到来，云计算成为行业数字化转型的必然选择。

（2）未来企业将以云的方式面向客户，云服务成为基本商业模式。

（3）公有云是趋势，将与私有云、混合云长期共存。

（4）云服务提供商的挑战主要体现在3个方面：①如何确保云环境下的安全；②如何保护企业客户现有资产兼容传统应用和新应用；③如何实现公有云之间、私有云和公有云之间的业务灵活部署和一键式迁移，消除企业客户的后顾之忧。

华为本着“以客户为中心”的服务理念，面向企业客户提供云服务，并帮助客户以云服务的方式实现商业变现，与合作伙伴一起构建行业云。云生态的构建一定要以客户为中心，为客户创造价值，这既是建立生态的目的，也是生态健康持续发展的保证。每个参与生态建设的组织或企业，都应该有自己独特的价值，企业未来的优势来自于竞争优势与生态优势的组合。企业客户的云化需求是综合性、多样化的，华为希望与合作伙伴一起，共同支持好企业客户匹配不同的需求。随着客户业务的发展，越来越多的IT投资会迁移到公有云上，许多合作伙伴已经洞察先机并主动转型以适应这样的变化。华为也会倾力帮助合作伙伴，同舟共济。面向合作伙伴，华为坚持“上不做应用，下不碰数据”，用清晰的业务边界来保证合作伙伴的利益，同时华为将为合作伙伴提供强大的应用开发平台和数据处理工具。

华为云深入行业，为各个行业提供了丰富的端到端解决方案。在软件开发云、智能制造云、物联网云等方面华为有很多成功实践的案例。

1. 软件开发云

华为在软件开发云方面，帮助企业走上一条软件服务变革之路。

（1）建设软件开发云平台。

依托华为软件开发云，打造双创基地，提升软件企业科技创新能力和竞争力，帮助其进一步做大做强。

通过“华为软件开发云+云上软件园”平台，聚集服务商和双创企业，带动人才就业，形成企业生态圈，同时可利用该平台将全国商机推送至宁波孵化企业，提供创业机会，也能将宁波园区各类软件信息服务企业推介至云端，辅以专业化品牌营销和市场推广，推动企业实现跨越式发展。

（2）实施“培育生态战略”。

着力引进、培植优势企业，打造“以大带小，专业配套”的产业生态，形成以优秀企业为核心，吸引相关企业聚集，影响并带动企业集群发展，以形成强大的产业生态体系。

（3）发展新型产业协同创新模式。

将制造业转型升级带来的大量本地软件服务诉求转化为软件服务需求，发展以软件、物联网等为主体的新兴产业链，完善产业链条，扩大产业规模，形成产业聚集效应。

2. 智能制造云

华为在智能制造云方面，针对企业所处的不同阶段提供不同的服务组合模式，降低企业信息化实施过程的选择难度，同时针对企业的不同需求提供智能制造、企业运营管理决策以及企业健康诊断等涵盖产品全生命周期、企业全生命周期的核心服务。

（1）企业开发环节。

在汽车开发过程中，会运行大量流体、碰撞的仿真测试软件，此类软件需要大量紧耦合性的计算资源，并且要求计算节点之间彼此工作协调、计算同步以及信息的高速传输，此外，随着业务扩张，高性能计算的需求也将激增。从企业应用角度来看，高性能计算属于重资产环境，设备采购成本高，运维成本高，除设备外，还有供电、空调、维护等都需大量成本。部分CAE仿真测试软件涉及版权问题，软件费用价格也很高。借助华为云HPC（高性能计算）资源能力，汽车生产企业很好地应对了业务的快速增长，让企业更聚焦于业务发展，实现了业务的快速部署。完整的端到端HPC公有云基础设施平台，企业通过租用云服务的方式，按需付费，降低重资产投入成本和运维成本，极大地节省了运营成本。

目前，华为的HPC解决方案通过与电信天翼云的合作，已经应用到浙江吉利控股集团有限公司下属的吉利研究院的项目中。

（2）企业物流环节。

上港集团是全球最大的港口集团之一，经营范围涵盖了港口集装箱、大宗散货和件杂货的装卸生产，以及与港口生产有关的引航、船舶拖带、理货、驳运、仓储、船货代理、集卡运输、国际邮轮服务等港口服务以及港口物流业务。

上港集团的物流应用系统存在如下的业务挑战。

① 海量访问。用户访问量在上线之初即会激增。在上线之初，很短时间内注册账号达5万个，日活跃用户3万人。每天都存在访问量爆发的可能性，要求IT系统具备较大的弹性，可灵活扩展。

② 上线周期长。在传统模式下业务上线时间缓慢，比如传统IT设备采购就需60天以上，而想要开展的“港航纵横”业务要求在20天内上线；传统自建模式，需要构筑一个小型的数据中心，初期投入成本巨大，而企业希望根据业务发展再逐步加大投入。

在该项目中，华为从客户的实际业务出发，陆续提出针对上港业务的改进意见，及时响应并实现需求线上VIP一对一即时服务，线下专职人员对口现场服务。通过华为良好优质的服务，上港集团选择了华为“港行纵横”业务顺利上线——业务上线周期18天、初期投入小、按需扩容，真正实现了灵活扩容、安全可靠、简便易用的商业价值。

（3）企业营销环节。

上海爱姆意机电设备连锁有限公司（以下简称“爱姆意”）是百联集团旗下，由上海物贸等五家上市公司和上海机床厂等国内著名工业企业共同出资组建的有限责任公司。公司投资工业品供应链服务、工业品集成、电商物流、拍卖等产业，并投巨资打造“365me工业品采购”电商平台，顺应了中国制造业发展的历史潮流，建成了工业品电商体验中心、电商运营中心、电商配送中心。

爱姆意面临如下挑战。

① 作为一家“线上+线下”的整体解决方案服务商，爱姆意面临的主要挑战是如何根据用户需求快速对产品及解决方案进行快速迭代等，而且原有的营销平台也无法应对这样多元化的挑战。

② 需要便捷、高效的基础设施资源来承载爱姆意百万级工业品SKU（此处为编码的意思）。

③ 客户信息及交易数据等内容均是爱姆意竞争力的核心，数据保护对爱姆意尤为重要。

为了保障云平台稳定可靠运行，爱姆意从品牌、技术实力、业务中立性、后期服务能力等维度对业界主流云服务商进行了全面考察。最终华为以完美的混合云方案、高质量服务以及高性价比赢得了爱姆意的青睐。华为给爱姆意构建高效的IaaS层资源池，将物理机与云主机进行无缝融合，为上层提供稳定的计算、存储及网络等服务，在数据安全上为爱姆意构建了完善的防火墙系统。并且，华为恪守业务边界，尊重爱姆意对电商平台数据的主权，不利用客户数据做价值变现，彻底消除客户关于信息安全的顾虑。此外，华为在PaaS层的数据库服务弥补了爱姆意在数据库构建和维护上的短板，使其能够将精力全部投入到上层应用功能开发上来，为将来构建更大业务规模、更大客户量的系统打下了坚实的基础。

3. 物联网云

在物联网云方面，华为充分利用在CT和IT领域深耕多年的商业成功经验，面向企业提供端到端的物联网云解决方案。

宝沃汽车集团是一家致力于为全球中坚阶层提供突破豪华

界限的智能产品及生态服务的德国汽车公司，成立于1919年，业务遍及全球12个国家，包括16个汽车品牌。

该集团面临如下挑战。

① 传统IDC建设周期长，维护工作量大，扩容困难。

② 本地化平台无法完全满足车联网业务需求。

③ 与网络规模匹配的人力运维成本巨大。

通过与华为合作，共同构建了宝沃车联网和CM2项目基础设施平台，该平台主要用于支撑车联网系统和客户营销系统，同时具有承载大数据以及未来宝沃汽车集团其他项目的平台能力。宝沃云平台部署在华为云廊坊节点，专线接入节点选择北京入网点（Point of Presence，PoP），通过专线传输通道打通廊坊节点。通过该平台，宝沃汽车集团真正实现了业务快速上线、资源弹性伸缩，极大提高运营效率，提升客户体验，通过这样一个“车联网+互联网+大数据+企业网”高度集中的平台，为业务升级完善奠定基础。

（六）腾讯云与树根互联

2011年是工程机械制造行业的一个拐点。

2011年，三一重工营业收入达到507.76亿元，同比增长49.54%，净利润86.49亿元，较上年同期增长54.02%。同年7月，三一重工以215.84亿美元的市值，入围《金融时报》评出的全球500强，成为中国机械行业唯一入围的企业。而在2004年的时候，三一重工的主营业务收入还只有9.27亿元，利润总额只有1.79亿元。

工程机械行业是中国机械工业的重要产业之一，市场需求受国家固定资产和基础设施建设的投资规模影响较大，因为其下游客户集中于基础设施、房地产等投资密集型行业，而这些行业的市场表现与宏观经济周期息息相关。

在当年的经济低谷中，三一重工也受到很大影响。根据三一重工的年报，2015年三一重工的营收已经跌至233.6亿元。

三一集团高级副总裁、首席流程信息官贺东东向钛媒体记者介绍："从数字来看，2011年到2016年，整个市场需求下滑了75%。一些实体企业面临倒闭或破产的窘境，整个制造行业也处于不好的状态，这个现状就需要首先思考一个问题——把公司当成一个机器或者产业链的话，它怎样对市场的变化、客户需求的变化做出敏捷的反应？于是，在低潮时三一集团做了几件事情。当初高歌猛进的时候，三一集团主要是满足订单，做市场，而没有足够的时间也没有这个压力来做内部的一些变革。但在这个阶段就有压力、有时间、有精力进行变革。"

三一集团主要从以下几个方面进行了变革。

1．在低潮时做的几件事情

第一件事就是三一集团开始去做流程信息化的变革。如何从庞大的体量以及众多事业部中梳理和打造以市场和用户驱动的自组织流程，成为贺东东首要并紧迫的工作。

之前，三一集团只有IT部门，没有流程信息化部门，加入"流程"二字和把贺东东调来，标志着三一集团正在向基于用户和市场驱动的业务流程转变，而信息技术则是实现创新意图或者模式变革的赋能工具。

第二件事是加大创新，增加研发投入。三一集团的理念是"一切源于创新"，每年将收入的 5%以上投入研发，形成集群化的研发创新平台体系，越是低潮，越要创新。在这一轮低潮中，三一集团就催化出工业化住宅、军工、产业金融和根云平台，丰富了业务形态。

第三件事是寻找新兴的国际市场。目前在三一集团的收入结构中，国际市场的占比达到45%，并且还有两位数的增长，国际市场的稳定和增长很好地平衡了国内市场的低迷。越是全球化布局的公司抵御风险的能力就越大，在巴西、印度、南非等国家，三一集团起步都很早。

第四件事是使用“互联网+”的思维方式进行变革。每周二集团早会后，三一集团的高管们会组织一个围绕“互联网+”的学习会议，学习之后还要进行交流和考试。不仅如此，他们还会深度剖析诸如小米这样的互联网公司，去拜访小米公司，然后结合自己公司内部的互联网业务、互联网变革的项目，进行反复沟通和思考。

也正是因为三一集团在低潮中的投入和创新，虽然销售额伴随着行业的低迷而走低，但是市场份额和地位却越加稳固。根据2015年年报，三一集团混凝土机械实现销售收入105亿元，稳居全球前列；挖掘机械销售收入61亿元，其储量在国内市场上已连续5年位于前列，市场占有率超过17%；履带起重机250吨级以上产品市场占有率仍保持行业龙头地位；汽车起重机50吨及以上产品的市场份额居于行业前三。

2．成为智能制造公司、物联网公司和数据公司

三一集团主营混凝土机械、路面机械、桩工机械、履带起重机械等工程机械，从业务角度来看，实现设备的远程数据采集与监控，机器联网意义重大。

朴素的需求往往能产生巨大的效益。

以市场和需求驱动的流程变革，需要对工程机械物联网核心部件及相关技术开展研究。要实现远程监控，首先就要大规模应用GPS系统。2005年，三一集团就成为国内最早在工程机械行业应用GPS系统的企业之一，实现了对全球设备的识别、定位、跟踪、监控、诊断处理和企业生产管理等。

2007年中国移动长沙分公司与三一集团就“三一工程机械设备智能服务系统”项目开展合作，探索建立基于物联网技术的“M2M远程数据采集与监控平台”。最初是小规模商用，在小范围的工程设备和车辆上试行商用，主要解决信息采集状态不稳定、无线网络传输带宽不足、监控信息平台的网络接口改造等技术问题。直到2009年，三一集团的“M2M远程数据采集与监控平台”实现规模化商用，成为国内最早的工程机械物联网企业控制中心之一。

当时市场上并没有工业物联网的概念，三一集团在做工程设备内核的底层控制技术（硬件和软件）的时候，既没有任何一家企业能够将底层控制技术开放给三一集团，在市场上也没有现成的解决方案，这无疑给三一集团提出巨大的挑战。

于是，2009年三一集团成立了三一智能设备控制有限公司，构建传感、通信、驱动、控制、人机交互、远程维护与诊断等产品布局，为三一集团各类工业设备提供智能化产品和系统。2011年成立上海华兴数字科技有限公司，重点研发工程机械仪器仪表设备、软硬件产品、自动控制系统和智能管理系统。这两家公司作为三一集团“内部供应商”，使三一集团成为国内最早自主研发智能化技术及产品的工程机械企业之一，也奠定了三一集团在智能化领域的领先地位，同时也为物联网平台的搭建奠定了基础，不仅实现了双向的交互，也实现了设备远程的控制。至此，“云+端”的物联网大数据平台初见端倪。

有了平台，实现机器联网，自然延伸出场景化应用。由于三一集团的两家子公司自主研发了底层控制技术，这样就能使智能产品实现数字化镜像，而数字化镜像则是智能制造以及信息物理系统（Cyber Plysical Systems，CPS）的核心，只有将机器设备转化为数字化镜像，用数据来代替物理机器的运行状态以及参数，才能被计算机存储、计算、分析和优化。由传感器、遥控器、智能运动控制器等全套的智能终端部件形成一个完整体系，通过这个智能化产品采集数据，使三一集团能够实时对设备进行远程监控和诊断。

工程机械大都是通过按揭或融资租赁，三一集团在高峰期有过百亿级的债务贷款，而且对于三一集团来说，大大小小的设备平均下来有122万元的价值，这种高价值的设备如果不能进行有效管理，有可能会“人机共失”。

因此，三一集团就有很强的需求去做远程信用管理，这种远程控制包括两级：第一级是锁住工作装置，使机器效率下降；第二级是让工作装置直接停机。贺东东说，对于防盗窃，也有很多技术和博弈在里面，总有人会雇佣高手去试图破解三一集团的远程控制技术，这也逼迫三一集团的技术人员不停地升级自己的防盗和控制技术，以防护资产的安全；而远程数据的获得，还可以为客户画像，比如机器运转的时间就代表了收入，可以模拟出机主的收入模型，这个模型又可以和他的还款情况去比对。

同时三一集团通过两家子公司自主研发了底层控制的软件和硬件，实现双向的交互以及对设备的远程控制，并将20万台物理设备实时运行情况的数据通过传感器传到后台进行分析和优化，在云平台实时做出相应的控制和优化。

三一集团的18号厂房是工业和信息化部的样板工厂，这间总面积约10万平方米的车间，是行业内亚洲最大、最先进的智能化制造车间之一，主要解决的是三一集团离散型制造形态的柔性制造和个性化、少人化问题。

2013年8月，三一集团启动了新一轮制造变革，董事长梁稳根这样规划他想象中的工厂：所有结构件和产品都在很精益的空间范围内制造，车间内只有机器人和少量作业员工在忙碌，装配线实现准时生产，物流成本大幅降低，制造现场基本没有存货。而位于苏州昆山产业园的12号小型挖掘机结构件工厂，就初具这样的雏形：在车间内，信息系统支撑着各个结构件生产线并呈“中心岛”式布局，从而打破了传统的直线型布局，实现了加工机械的分散化和零部件生产的集中化，免去了许多不必要的中间环节，使工人在工作过程中更加省力，同时产能也大大提升。

其实集团从2007年开始，对物联网的应用都来自于一个非常朴素的需求，那就是“管好售后服务”。因为对三一集团来说，售后服务的挑战比较大，工程机械的部署范围比较广，有可能在高原，有可能在沙漠，有可能在西沙群岛，而且这些设备的维修跟其他设备不一样，一定是上门服务，相比其他行业增加了难度。所以当时有种说法，就是“谁能做好服务，谁就是王者”。

如果能够实现机器联网，自动故障报警，做智能的服务体系，这对企业的价值将是最大的，只要少跑一趟，少发错一次配件，让工程师能够快速上门服务，就可以避免很多客户的损失。在智能化体系的支撑下，这个场景也一直延续到现在，不仅把基于地理位置的应用做到极致，使服务效率极大提升，还基于大数据做配件库存的优化，测算出配件的需求，做到在减少大量库存的情况下提高客户满意度。

贺东东提到，“以前没有工业互联网的概念，实际上是暗合了工业互联网的特性，把设备联网，打通整个数字化体系，我们2007年开始进行工业互联网的实践，2011年打造数字化工厂，2013—2014年开始做基于互联网科目的全渠道覆盖工程。当时我们是从零开始，组建新的部门，这个部门现在已有100多人，专做线上客户互动。最后就是我们去年做的树根互联这个独立的互联网创新企业，包括模式的创新，打造根云平台。其实从2007年开始，我们所有的设备都是用三一集团的智能控制器，都会有实时动态数据的采集，所以设备的智能化水平就比较高。在这些物联网应用场景的部署中，三一集团大概投资15亿，用时9年左右，但我们的回报是好几倍。”

一家传统的制造企业，如果先把制造、服务和生产的所有环节数字化，然后用计算机运算、存储和分享沟通，就会变成一家提供信息服务的数据公司。目前，三一集团已经形成5000多个维度、每天2亿条、超过40TB的大数据资源，基于这些数据，三一集团已经可以在下面几个方面开展大数据的应用。

一是预测宏观环境。三一集团与清华大学合作，推出了“挖掘机指数”，显示设备的施工时长和开工率等数据，根据开工率数据预测下个月固定资产投资增量，在一定程度上可以反映中国宏观经济走势。根据每个省的数据情况，发现各省固定资产投资走向，实时分析区域市场变化，从而为营销工作提供指导。

二是分析产品结构。建立基于数据分析的研发模式，可以发现哪种型号的产品更受欢迎，对基于市场定位的产品研发有较强的参考价值。

三是预测设备故障。在设备出现故障征兆时提前维护，目前在出现故障的设备里有50%可以事先预测，减少了客户的损失。

四是预测配件需求。通过设备运行状况研究其与配件消耗之间的关联，建立预测模型，可大大降低企业生产成本。

同时，从点到线再到面的大数据服务，还能指导三一集团进行产品的设计、研发和服务模式的创新。通过每日实时监控设备运行信息（如位置、工时、转速、主压、油耗等），系统面向代理商、操作手、挖掘机老板和研发人员四类主要用户，将基础矩阵分拆成基础向量，再分拆成特征值，其特征值重新组合形成自定义向量再组合成设备信息、健康等矩阵，进而提供全生命周期的增值服务。

例如，通过搅拌车位置信息、混凝土配送信息、混凝土消耗信息以及泵送设备和搅拌车当前作业状态信息在搅拌站各机群设备之间的实时数据交互和共享，实现各机群设备之间的作业协同和作业指导。用户据此可采用较科学的车辆调度策略和设备作业模式，提高企业运营效率和设备利用率，降低总体运营成本。

3. 多维度转型

全球的制造业龙头企业，都在寻找新的模式、新的出路。例如GE首席执行官杰夫・伊梅尔特（Jeffrey R.Immelt）表示，GE打算在2020年成为全球前十的软件公司，软件及相关服务业务订单要达到150亿美元。在GE的年报上，很大的篇幅都是关于他们的数据平台产品Predix，GE希望把Predix打造成为工业界的Android系统，管理从风力发电机到飞机引擎等各种设备，而另一个工业巨头西门子也推出了类似的产品MindSphere，未来制造业的面孔变得越来越不清晰。

三一集团也在推进着自己的转型战略，包括核心业务由“单一设备制造”向“设备制造+服务”转型，由主机到全价值链经营的转型，改变以往过度集中的主机营销模式，向主机、服务、配件、租赁、大修等全方位价值链经营模式转变。主要市场也由“单一国内市场”向“国际化”转型，尤其是在国家的“一带一路”倡仪下，通过组团出海、国际产能合作和大项目输出，三一集团由设备提供商升级为投资运营商，实现了国际化运营模式的升级。

同时，三一集团也推出了自己的工业互联网服务平台项目——树根互联，准备用创业的方式，输出自己过去十多年积累下来的制造业经验和技术。

贺东东自然而然成了树根互联的带头人，他说：“三一集团花了八九年的时间，花费十几亿元，别人没必要花这么多资金和时间再做一遍。但一个内部的系统是不能作为一个公共平台的，树根互联用一年的时间去做内部的改造，只有全部基于云架构、SaaS架构进行彻头彻尾的改造，才能对外提供服务。用户只要知道自己的业务怎么去变革，我们的平台就能提供支持，就能很快催化出促进行业变革的东西。”目前，树根互联已经与腾讯云合作，其中一部分PaaS业务使用腾讯云，而树根互联主要承担与工业云相关的开发，包括工业大数据、从机器连接机器（Machine to Machine，M2M）、机器的数据模板等。

（七）联通云平台

中国联通云平台——沃云是中国联通研究院自主开发的基于OpenStack架构，采用KVM虚拟化技术的云计算平台，在IaaS、PaaS、SaaS层全方位布局，形成“网络+资源+平台+应用”的服务体系，致力于成为云基础资源的供应者、私有云的托管者、行业云的孵化者、公有云的提供者。沃云依托中国联通强大的网络通信能力、优质的基础设施资源、优质的客户群和良好的品牌信誉，面向互联网、政府、教育、金融、物流等行业客户，提供云计算、IT基础设施等建设与服务，帮助客户提高核心竞争力。沃云架构如图6-7所示。

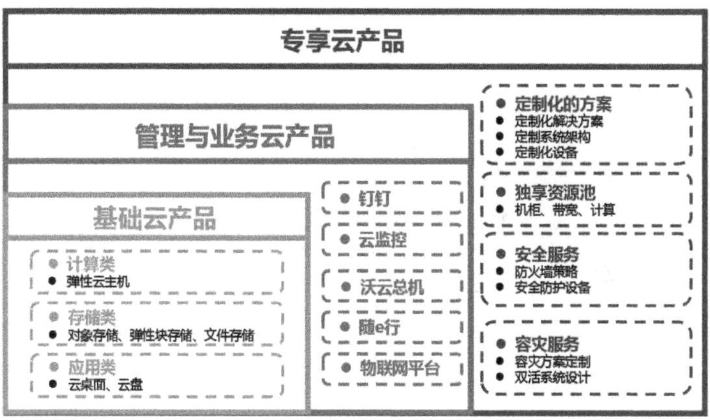

图6-7　沃云架构

沃云架构的体系特点如下。

1. 网络优势

大容量的互联网络：具有国内领先、大容量的IP骨干网和

IDC出口带宽。

丰富的宽带接入资源：打造“百兆光纤入户，极速网络广泛覆盖，Wi-Fi热点无处不在”的全网宽带优势。

丰富的网络接口：提供移动互联网、专线、短信、语音等通信接口。

2. 基础设施优势

在贵州、廊坊、呼和浩特、哈尔滨、郑州、无锡、重庆、东莞、成都、德清、西安以及香港特别行政区等地已建成十二大云计算数据中心基地，总机数量达到30万架，十二大云计算数据中心基地形成辐射全国的功能，并通过高速、大容量、性能优的新一代网络实现互联。

3. 安全优势

中国联通高防服务器，内网专线，外网高防防护，具有流量清洗、入侵检测防火墙、漏洞扫描、病毒防护等功能，安全性高、保密性强，保障企业网络安全，降低网络安全构建成本，为企业上云保驾护航。

4. 服务优势

沃云具有弹性灵活的业务功能、多层面的安全机制、专业化的运营服务团队、统一的集团客户服务体系、健全的收费模式、全量的用户数据、广泛的社会认知度、良好的行业信誉等服务优势。

（八）中国电信天翼云

中国电信天翼云（以下简称“天翼云”）依托覆盖全国、互为备份的全网云资源布局，依托自主研发的云平台和电信级安全体系，依托运营商央企底蕴与互联网创新机制，为客户提供“云网融合，安全可信，专享定制”的服务。天翼云不仅为客户提供云主机、云存储、桌面云、专属云、混合云、CDN、大数据、云专线、云间高速等全线产品，同时为政府、医疗、教育、金融等机构打造定制化云解决方案，是众多客户上云的首选云服务商之一。同时，还为小微及初创企业提供支持，为“互联网+”在各行业落地提供坚实可靠的承载。天翼云产品家族如图6-8所示。

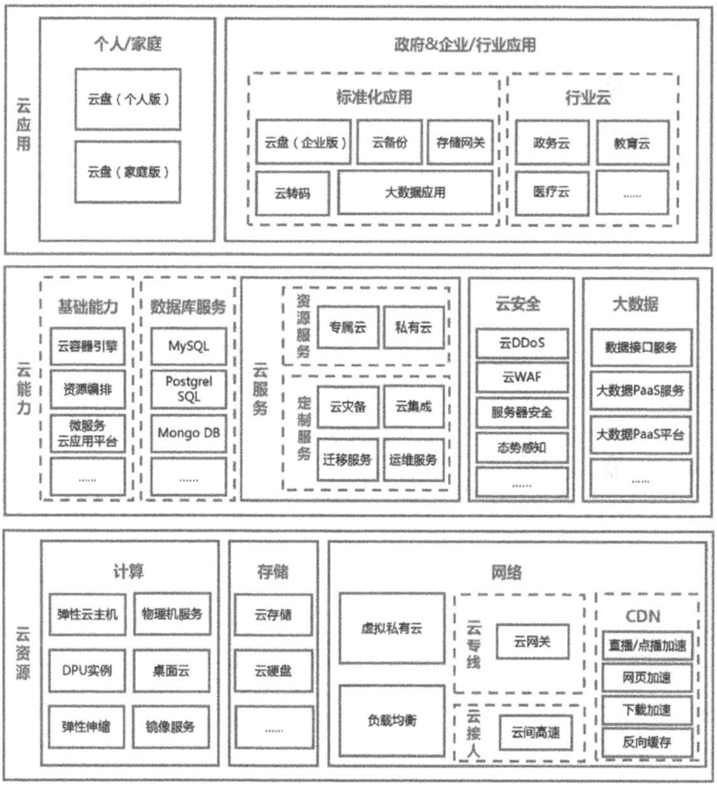

图6-8 天翼云产品家族

1．全网云资源布局

目前，中国电信拥有516个数据中心，在内蒙古、贵州两大云计算园区的规划机柜数达15万个，是全国最大的IDC 基础设施服务提供商之一，也是全国云计算资源最为丰富的云服务提供商之一。中国电信基于全网IDC能力与数据中心直连专网规划建设了云网融合的全网资源布局。其中包括内蒙古园区、贵州园区两大全国核心基地，全国31个省区市的核心云资源池。全面承载中国电信公有云、专属云，为政务、医疗、教育、金融等机构提供安全可信的云服务。

2．独特的云网融合产品服务能力

独特的云网融合产品如图6-9所示。

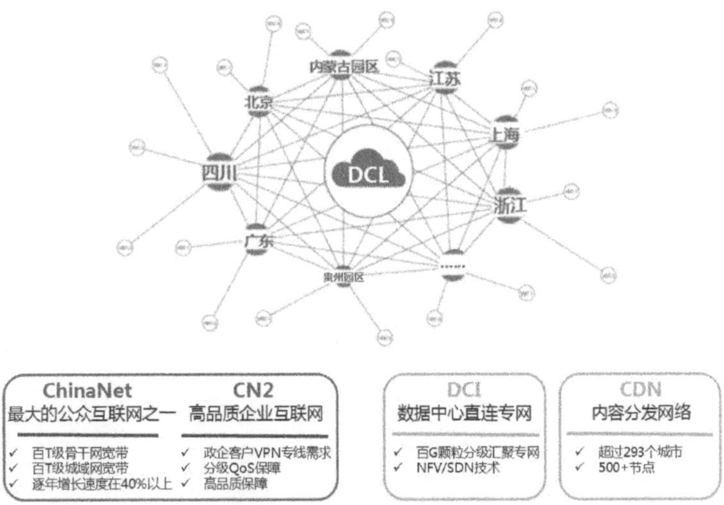

图6-9　独特的云网融合产品

如图6-9所示，全网云资源可让客户的业务应用部署无忧，从“点”升级为“面”，分区覆盖全国，分级承载公有云、专属云、行业云，及各种大数据平台。数据中心直连专网，能提供强大的网络保障，实现“化云为雨”。东西向流量：依托业务调度系统实现资源统一调度，催生产品新质态。南北向流量：将多生成树协议（Multiple Spanning Tree Protocol，MSTP）、多协议标签交换虚拟专网技术（Multi-Protocal Label Suitching VPN，MPLS VPN）、无线接入网IP化（IP Radio Access Network，IPRAN）等专线服务纳入云网络标准产品，提供“云+网”一体化服务。

3. 自助专享的定制能力

根据客户需求场景，提供包括公有云、专属云、混合云、私有云在内的全套服务模式。量身定制，随心服务。

专属云从物理上隔离的专享虚拟化资源池，使得客户能在专属云内独享计算、存储和网络资源，并可在管理控制台进行统一管理，就如同使用自建私有云一样，如图6-10所示。

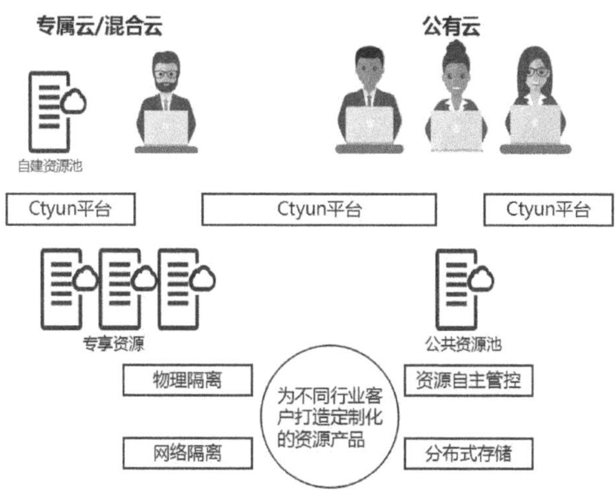

图6-10 自助专享的定制能力

4. 多重保障安全机制

控制网和业务网物理分离的架构能保证网络的安全性，支持独享的物理硬件与其他租户隔离，支持逻辑隔离/物理隔离的混合组网方式，VPN或专线连接则确保数据安全传输，如图6-11所示。

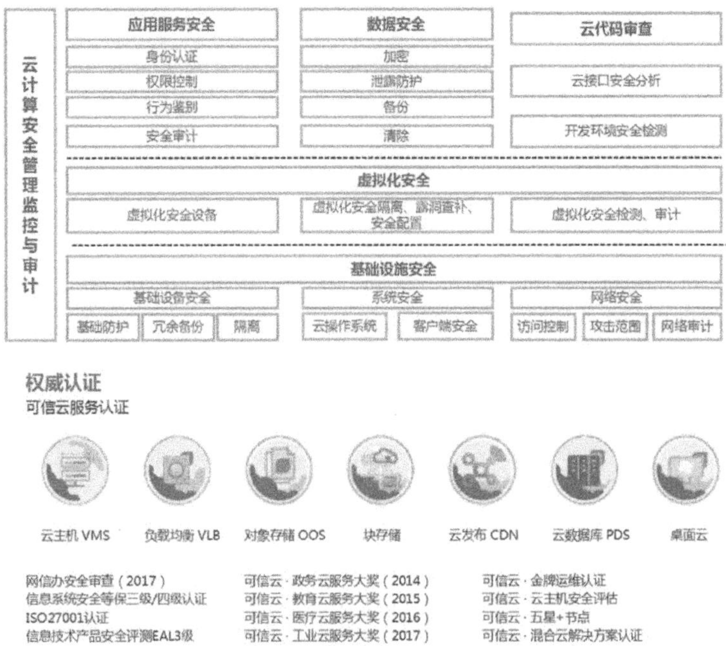

图6-11　多重保障安全机制

（九）阿里云

阿里云创立于2009年，是全球领先的云计算及人工智能科技公司，致力以在线公共服务的方式，提供安全可靠的计算和数据处理能力，让计算和人工智能成为普惠科技。

阿里云主要为制造、金融、政务、交通、医疗、电信、能源等众多领域的领军企业提供系统化上云与大数据解决方案。其主要产品包括云服务器、域名与网站管理、存储和CDN、安全、数据库、人工智能ET、大数据分析及可视化、互联网监控、网路管理与监控、物联网套件、云视频与云通信等。目前，与公司合作的客户包括中国联通、中国铁路客户服务中心、中石化、中石油、飞利浦、华大基因等大型企业客户，以及微博、知乎、锤子科技等互联网公司。在天猫“双十一”全球狂欢节、春运购票等极富挑战的应用场景中，阿里云保持着良好的运行记录。

阿里云在全球各地部署高效节能的绿色数据中心，利用清洁计算为万物互联的新世界提供源源不断的能源动力，目前开放服务的区域包括中国、新加坡、美国、澳大利亚、日本等。

2014年，阿里云曾帮助用户抵御堪称全球互联网史上最大的一次DDoS攻击，其峰值流量达到453.8GB/S。在Sort Benchmark2016排序竞赛 CloudSort项目中，阿里云以1.44$/TB的排序花费打破了AWS保持的4.51$/TB纪录。在Sort Benchmark2015，阿里云利用自研的分布式计算平台ODPS，用377秒完成100TB数据排序，刷新了Apache Spark创造的1406秒的世界纪录。

2017年1月，阿里巴巴成为奥运会“云服务”及“电子商务平台服务”的官方合作伙伴，阿里云为奥运会提供了云计算和人工智能技术。

飞天（Apsara）诞生于2009年2月，是由阿里云自主研发、服务全球的超大规模通用计算操作系统，目前为全球200

多个国家和地区的创新创业企业、政府等机构提供服务。飞天希望解决人类计算的规模、效率和安全问题。它可以将遍布全球的百万级服务器连成一台超级计算机，以在线公共服务的方式为社会提供计算能力。飞天的革命性在于将云计算的3个方向整合起来，提供足够强大的计算能力，其构架如图6-12所示。

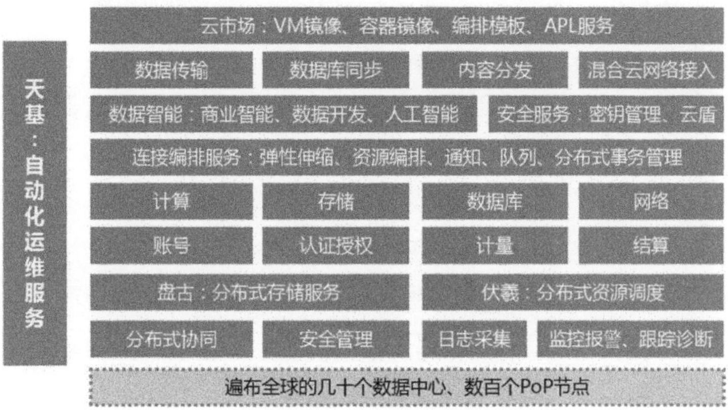

图6-12　飞天系统架构

飞天管理着互联网的基础设施。最底层是遍布全球的几十个数据中心、数百个入网点（Point of Presene，PoP）。飞天所管理的这些物理基础设施还在不断扩张。

飞天内核跑在每个数据中心里面，它负责统一管理数据中心内的通用服务器集群，调度集群的计算、存储资源，支撑分布式应用的部署和执行，并自动进行故障恢复和数据冗余。

安全管理根植在飞天内核最底层。飞天内核提供的授权机制，能够有效实现“最小权限原则（Principle of least privilege）”。同时，还建立了自主可控的全栈安全体系。

监控报警诊断是飞天内核的最基本能力之一。飞天内核对上层应用提供了详细的、无间断的监控数据和系统事件采集，因此能够回溯到发生问题的那一刻，帮助工程师找到问题的根源。

在基础公共模块上，有两个核心服务，一个叫盘古，另一个叫伏羲。盘古是存储管理服务，伏羲是资源调度服务，飞天内核之上应用的存储和资源的分配都是由盘古和伏羲管理的。

在基础公共模块边上，还有一个服务，叫做天基，意思是“飞天的基础”。天基是飞天的自动化运维服务，负责飞天各个子系统的部署、升级、扩容以及故障迁移。

九年实践，飞天已经建立起一个完善的云产品体系，同时还能提供互联网级别的租户管理和业务支撑服务。

（十）生意帮协同智造众包平台

生意帮协同智造众包平台运营主体为易联集团，包括宁波易联汇商信息科技有限公司（以下简称“易联汇商”）和宁波易联汇模信息科技有限公司。前者负责平台信息化开发建设，后者负责平台的业务运营，两者组成一个完整的产能共享O2O平台。

截至目前，该平台实地认证工厂15000多家，以中小微工厂为主，区域覆盖甬台温地区，其中宁波地区企业占比70%以上，生产工艺涵盖五金和塑料件的开模、加工和表面处理等，其中有6500家机加工厂、2700家表面处理厂、2400家模具厂、2000家注塑厂、500家装配厂。现已形成门类齐全的制造业供应体系，完全具备协同制造众包的基础和能力。

易联汇商拥有强大的信息化开发能力和工程技术团队，其中全职信息化工程师20余人、生产技术工程师20余人、外部工程技术顾问多人，并与多所机械工程院校、研究所、材料所建立长期合作关系。在结构设计、模具、五金制造、注塑、表面处理、装配等各个制造环节都有深度的技术储备，是智能制造的重要技术保障。

该平台获得中国创新创业大赛优胜奖，平台所属企业获得浙江省高成长科技型中小企业、宁波市战略性新兴产业初创型企业、宁波国家高新区第一批瞪羚企业等称号，并且平台被认定为宁波市优秀“制造业+互联网”公共服务平台、浙江省重点云服务平台，曾被《鄞州日报》《浙江经济日报》、腾讯、中华网等媒体做专栏或专版报道。

生意帮协同智造众包平台通过互联网智能匹配、众包分包，为所有有新产品定制开发需求的客户提供柔性供应链服务。需求方可在平台专业工程师团队和信息化工具的帮助下，进行生产结构设计、工艺流程优化、新材料新工艺选择等，实现各种生产环节的自由拆分、组合和优化，从而满足产品开发零碎化、个性化、定制化及快速迭代的需求。另外，订单经过平台需求拆解、设计优化、工程验证等环节，传达至中小微工厂的需求则会更加专业化、颗粒化、单一化，更为适应小微工厂的接单能力，从而实现生产力的智能调度和统筹优化。

该平台面向中小微工厂，突破现有众包平台的单一化产品生产需求对接模式，加入需求拆解、设计优化、工程验证、软件衔接、过程管理、市场验证等多维度元素，提供一站式产品生产增值服务。通过生意帮协同智造众包平台的协同生产，中小微工厂能最大化利用社会闲散产能资源，以最小的经济代价，最快的速度，实现产能的集中调度和供应链的弹性整合。

生意帮协同智造众包平台的建设，包括整合以宁波为首的甬台温地区的中小微工厂形成结构件的协同制造供应链体系，搭建“互联网+制造服务”的互联网众包平台，建设针对智能硬件研发、工艺优化改良等专业的工程验证实验室，并搭建“物联网+C2M/M2C”的协同生产物联网平台。

在现有生意帮App、生意帮官网、客户管理系统、供应商管理系统、内部招投标系统、内部ERP等基础上，进一步升级完善，增加工业物联网模块，利用物联网技术，实现生产参数的实时数据采集、实时数据上传、数据存储与分析、数据可视化、数据分发、数据应用等应用，为生产管控、生产模型优化、生产信息化管理提供支撑。

（十一）宁波纺织服装云

宁波创艺信息科技有限公司是专业从事“互联网+行业”应用的技术开发、推广、运营的高新技术企业，公司获得工业和信息化部“双软企业”资质认定证书，同时也是科技部中小企业创新基金立项企业，获得宁波市镇海区人民政府认定的科技领航与培育“236工程”认证，并成为区级工程技术中心唯一一家IT企业。公司依托浙江纺织服装学院的核心研发团队组建了软件研发中心、数码纺织设计中心、数字媒体技术中心，增强技术研发力量，连续四年获得宁波市国家大学科技园“企业科技创新奖”。

自2011年公司成立以来，承担科技部国家创新基金项目1项、宁波市级科技项目2项、产学研公关课题2项，获得国家版权局颁发的知识产权授权证书15项。经过前几年的技术研发积累，2015年签约承担“宁波纺织服装云”政府重点项目，2016年9月28日在宁波股权交易中心挂牌，2017年12月“宁波纺织服装云”项目被浙江省经济和信息化委员会评为浙江省行业云应用示范项目。

宁波市纺织服装产业经过30多年的长足发展，已成为立足宁波、辐射长三角、面向全球市场的传统优势产业集群，具备以纺织服装设计加工生产为核心的完整产业链，是中国乃至全世界重要的纺织服装产业基地和集散地。

但目前纺织服装企业仍以中小微企业为主，科技、人力、流通环节处于瓶颈阶段，转型升级迫在眉睫，急需信息化的介入。

1. 宁波纺织服装云解决方案

宁波纺织服装云是由宁波市经济和信息化委员会（宁波市智慧城市建设工作领导小组办公室）主导，宁波市大学科技园管委会支持，浙江纺织服装职业技术学院和宁波创艺信息科技有限公司共同建设运营的纺织服装行业公共服务平台。该平台基于“互联网+服饰”的思维构建，涵盖了特色资源库、行业资讯、智慧工厂建设、汇才传智、人力资源服务和智能服饰研发六大核心服务，整合各方面的资源、技术力量服务于纺织服装行业转型升级。该平台框架如图6-13所示。

（1）特色资源库。

设计素材库：搜集整合时尚潮流、实用经典的设计素材，同时设计师可自行上传分享，也可选用素材库中的素材。

面辅料库：整合国内外先进创新面辅料，设立面辅料数据库并进行及时更新补充。

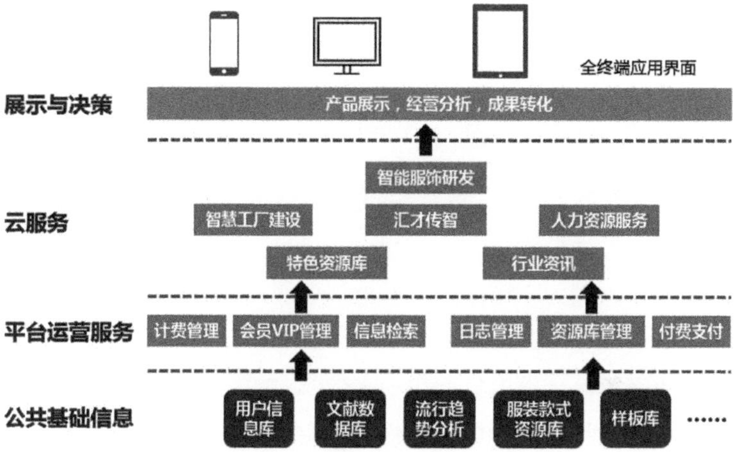

图6-13　宁波纺织服装云平台框架

企业库：建立纺织服装行业企业名录资源库，实现企业地图搜索与查询功能，以及提供图文展示简介、联系方式、产品、供求信息等资料。

（2）行业资讯。

汇集全国纺织服装行业重要资讯，包括政策、展会、报告、新闻等。

（3）智慧工厂建设。

提供服装生产管理ERP、微信小程序、自动裁切机、智能吊挂系统、智能分拣系统、缝制自动化设备、大数据集成系统、个性化定制等一系列智慧工厂建设解决方案。

（4）汇才传智。

聚集纺织服装行业专家和专业从业人士，达到智慧资源再分配的目标。

专家问答：由在线专家为用户解答行业相关政策、信息、技术等问题。

合作代理：用户可在线申请商标、版权、文献翻译、IT技术等服务，行业专家和专业代理人接单，双方开展合作。

（5）人力资源服务。

为使纺织服装企业的招聘更具专业性和高效性，平台设计了以下3种招聘方式。

悬赏招聘：以经纪人为基础，全网人员都可作为经纪人为企业有偿找到所需人才。

人才推荐：聚集各大纺织服装院校的优秀毕业生，在线显示学生作品和实时信息，为广大纺织服装行业推荐所需人才。

人才招聘：纺织服装企业可在线发布所需人才信息，为求职者提供最全最新的招聘信息。

（6）智能服饰研发。

随着科技的发展和人们生活水平的提高，服饰也进入了智能化需求阶段，很多中小微企业自身缺乏研发的能力，云平台将聚集大量纺织服装、信息技术行业专家及机构为广大中小微服装企业提供智能服饰产品解决方案，同时形成大数据存储和分析中心。

以光、电、热等元素为基础，融合科技与时尚，革新传统服饰设计理念，展现未来智能服饰在医疗保健、健康监测、运动休闲等领域的创新应用，使服饰在满足人们的基本需求之余，还能为人们增添生活的乐趣与便利。

2．建设规划

宁波纺织服装云的一期建设（电脑端、移动端）已经完成，并初见成效，例如服装生产管理系统现已服务于100余家纺织服装企业及相关电商企业，为他们完成了现代化信息化管理；资源库的日访问量达到3000多人；时尚学院在线学习平台为从业者及社会爱好者提供了免费的学习资源。

目前进入第二阶段，主要以智能服饰研发为主，宁波创艺信息科技有限公司将紧密依托浙江纺织服装职业技术学院、中科院宁波材料所、东华大学等科研资源，竭力打造以"互联网+微柔传感器"为核心的智能服饰研发中心。目前已有5款合作产品进入在研阶段，即智能睡眠监测系统、智能坐姿监控系统、婴幼儿纸尿裤湿度感知系统、智能腰带、LED智能帽子。该项目的实施将服装行业从生产端的智能制造提升到提供终端智能产品服务，能够为企业转型升级和终端消费升级提供强有力的支撑。

附录　宁波云服务商名录

为了更好地帮助企业准确、高效地找到能满足自身需求的服务商，下面初步整理了部分宁波市本地云服务商名录以供参考，云服务商名录如附表1所示。

附表1　云服务商名录

云服务企业	云服务产品
浙江中之杰智能系统有限公司	云ERP、云MES、云条码、数字车间一体化方案（D-Work）、云OA（微工资）、云CRM、云盘、云邮件等
中国移动通信集团浙江有限公司宁波分公司	企业邮箱、销售管家、智慧消防云、和对讲平台、物联网平台、深度云、云视频、桌面云、云主机、云视讯、微办公、移动OA、集团彩云、会务云、外勤通、云呼叫中心、云存储、移动云盾等
中国电信股份有限公司宁波分公司	智能组网、商务添翼、工业添翼、云呼叫中心、外勤助手、桌面云、销售管家、汇工作、天翼对讲、会易通、云主机、云储存、商务添翼、智能组网等
中国联合网络通信有限公司宁波分公司	云桌面、云总机、云托管、云存储、物联网、税信通、钉钉、商务管家、移动视频会议、总部移动办公、招聘云、一信通、随e行等
宁波市8718中小企业公共服务平台	以中小微型企业为主要对象的公共服务平台
浙江文谷软件有限公司	文谷智能工业云平台
华为软件技术有限公司	门户网站上云、数据库上云、存储资源上云、计算资源上云、内容安全上云、业务安全上云、网络安全上云、工作文件存储和备份上云、协同工作工具上云、电话会议系统上云、视频会议系统上云、招聘管理上云、绩效管理上云、培训管理上云、薪酬管理上云、费用管理上云、税务管理上云、报销管理上云、云办公、云桌面、云安保、IT开发上云、IT测试上云、IT运

续表

云服务企业	云服务产品
华为软件技术有限公司	维上云、研发设计上云、协同开发上云、MES上云、ERP上云、生产数据上云、应用软件上云、采购管理上云、仓储管理上云、物流管理上云、电商上云、CRM和渠道管理上云、营销上云、客服上云等
阿里云计算有限公司	弹性计算-ECS、云数据库-RDS、云存储-对象存储、云安全-DDoS、云安全-WAF、云安全-安骑士、云安全-云防火墙、云数据库-DTS、云网络-共享流量包、云网络-CDN、大数据-Hadoop功能平台、云计算-高性能计算、云计算-大数据-PB级离线计算、云计算-中间件-EDAS、云计算-专有云、云计算-容器服务、云计算-负载均衡、云数据库-Redis、云数据库-MongoDB等
航天云网科技发展有限责任公司	金蝶云ERP、EZERP易之才、柠檬云在线财务软件、喜报销、好会计、华天SRM、事业窗-人力资源管理云平台、CServer HR企业版、EZCRM、百会CRM、航天云客CRM、青虹云移动营销与CRM、CServer CRM系统、EZOA、青虹云移动办公OA、工业云OA平台、OA免费版、CServer OA企业版、数通国软SaaS AdtisLMS云学习平台、知普科普知识自动化平台、海泰安全电子文件管理、知库、易点固定资产管理系统、青虹云移动巡店与分销、青虹云移动考勤与外勤、日事清（计划管理）、康企通中小企业服务平台、天河云CAD、EasyCAE云仿真计算平台、天河MES、鑫智汇源云MES、鑫智汇源云PLM、企业视频社交平台、航天云网视频会议、海泰安全浏览器、SAP B1、CPDM、CRP、质量认证、企业助理、商机订阅、接口访问控制、安全监控、身份与权限管理、安全审计、应用安全审核、大数据安全、数字签名、容灾备份、数据加解密、虚拟化防护、VPC隔离、主机防护、安全运维、设备接入认证、API中心、基础框架、流程建模、

续表

云服务企业	云服务产品
航天云网科技发展有限责任公司	消息队列服务、搜索服务、缓存服务、MySQL数据存储、PostgreSQL数据存储、Cassandra数据存储、MongoDB数据存储、应用全生命周期管理等
百度（宁波）云智基地	云服务器BCC、关系型数据库RDS、大数据分析API-搜索地域风向标等
宁波源理电气有限公司	干混砂浆罐云服务平台（桌面、手机、网页）
宁波江北华数广电网络有限公司	网站开发、云数据库（MySQL、SQL Server、Oracle等主流数据库）、云存储、云主机、云盾（安骑士、防火墙、高防IP、安全管家等）、OSS、OA产品、睿真会议系统、阿里云办公、云桌面、云运维、云迁移服务、智领MES系统、智领ERP、云服务器等
宁波菊风系统软件有限公司	JusTalk Cloud视频通信云平台
宁波四海信息科技有限公司	汽车金融风控管理系统、巡检人员管理系统、远程对讲系统、车辆定位管理系统、远程视频监控系统、车辆抵押信息共享查询系统等
用友网络科技股份有限公司宁波分公司	友人才、友报账、电子发票及会计电子档案、薪福社、友空间、U订货、U会员、超客营销、友云采、嘟嘟、U8cloud、iuap平台等
宁波得力网络工程技术有限公司	云存储、云计算、电子秤云平台、安全云、一卡通云、网络云盘、云文档协同、在线编辑、虚拟桌面、云服务器、云数据库、网站、邮件、OA系统、虚拟主机、工作圈、软件开发等
宁波爱信诺航天信息有限公司	电子发票云服务平台、Aisino云ERP管理软件等
宁波云朵网络科技股份有限公司	移动营销云服务、云监控系统服务、工作圈、企业网站建设、企业邮箱、云朵舆情监测系统等

续表

云服务企业	云服务产品
宁波市众信人力资源服务有限公司	云办公、云档案、云考勤、云薪酬、云培训、云绩效等
宁波腾智信息技术有限公司	腾智企业管理系统软件、人才外包服务、腾智企业WMS管理系统、企业信息化技术服务、腾智紧固通智慧门店管理系统、腾智紧固件行业云贸通管理系统软件、腾智紧固件行业管理系统软件等
浙江高格软件股份有限公司	高格制造业管理融合版软件、高格VA总账王软件、高格标准版ERP软件、高格CMS内容管理软件、高格基于SOA的XMN数据传输中间件软件、高格综合数据处理分析平台、高格协同门户软件、高格VA商贸版软件、高格简易版ERP软件、高格生产计划版ERP软件、高格财务软件、高格VA仓库版软件、高格液体危化品运输管理系统软件、高格分销管理系统、高格协同办公自动化系统软件、高格VE商贸连锁加盟移动版系统软件、高格基于物联网的企业管理软件、高格制造业管理融合版软件、高格VE制造业移动管理标准版软件、高格VE制造业移动管理高级版软件等
宁波邻家网络科技有限公司	二维码管理系统和生产过程管理解决方案、行业二维码解决方案、二维码信息管理系统、二维码管理系统和设备巡检记录解决方案、二维码管理系统和建筑施工管理解决方案、单证流转记录管理解决方案、电力设备巡检管理解决方案、电梯设备维保管理解决方案、水利设备巡检管理解决方案、产品质量追溯管理解决方案、生产过程管理解决方案、设备巡检记录管理解决方案等
宁波杭云网络科技有限公司	云眼监控、网络监控管理软件、云盾加密、数据防泄密软件、云图管家、图纸文档内控管理软件、云服务器 ECS等
宁波众造信息科技有限公司	“互联网+模具制造业”SaaS系统、模具进度管理系统、模具智能报价系统、模具在线采购交易系统、云设计服务系统等

续表

云服务企业	云服务产品
宁波聚轩信息科技有限公司	云MES、云OA、云ERP、云工资等
金蝶软件（中国）有限公司宁波分公司	金蝶云租赁、云之家、金蝶标准服务、金蝶云等
浙江杰夫兄弟智慧科技有限公司	CAE知识库开发服务、设备监控服务、CAPP制程工艺服务、模具设计二次开发、CAM管理系统服务、PDM产品数据管理服务、制造单元智能化改造、全自动化机器人生产线、颜色管理服务、电子工单服务等
宁波张力网络股份有限公司	安全云平台、宁海人才招聘网招聘云服务、学历教育、企业人力资源管理师认证培训、总裁班、工具钳工认证培训、企业储备干部培训、电子商务师认证培训、掌聘人力资源管理咨询服务、新版ISO咨询服务、创业指导师认证培训、招聘云平台等
宁波数梦工场数据技术有限公司	计算资源上云、存储资源上云、门户网站上云、数据库上云、工作文件存储上云、协同工作工具上云、电话会议上云、视频会议上云、招聘管理上云、绩效管理上云、培训管理上云、薪酬管理上云、费用管理上云、税务管理上云、报销管理上云、云办公、云桌面、云安保、IT开发上云、IT测试上云、IT运维上云、研发设计上云、协同开发上云、MES上云、ERP上云、生产数据上云、应用软件上云、采购管理上云、仓储管理上云、物流管理上云、电商上云、CRM和渠道管理上云、营销上云、客服上云等
宁波平易软件股份有限公司	企业协同办公OA系统、企业微信定制开发、企业网站建设、系统集成等

续表

云服务企业	云服务产品
宁波市工业大数据应用推广中心	宁波市工业大数据应用推广中心是在宁波市大数据管理局的指导下，由宁波市企业信息化促进会和浙江大学软件学院合作共建，聚集各类大数据服务商，面向宁波市的工业企业推广实际有效的大数据分析解决方案，提升制造业的大数据分析水平，将数据变为未来企业发展的核心驱动力，实现以数据驱动工业企业在市场销售、客户分析、设计改善、质量提升、制程优化等各环节的价值提升。同时为企业在实践中培养面向智慧工业的大数据分析的高端人才，具体课程包括大数据基础设施建设、Hadoop的开发、数据仓库管理和使用、大数据分析方法，数据分析和建模、机器学习、数据可视化等专业课程及其典型应用场景

参考文献

[1] 工业互联网产业联盟.工业互联网平台白皮书（2017）[R/OL].（2017-11）[2018-07-18].http://www.miit.gov.cn/n973401/n5993937/n5993968/c6002326/part/6002331.pdf.

[2] 中国电子技术标准化研究院.智能制造能力成熟度模型白皮书（1.0版）[R/OL].（2016-09-20）[2018-07-18].http://www.cesi.cn/201612/1701.html.

[3] 中国信息物理系统发展论坛.信息物理系统白皮书（2017）[R/OL].（2017-03-01）[2018-07-18].http://www.cesi.cn/201703/2251.html.

[4] 中国电子技术标准化研究院.工业物联网白皮书（2017版）[R/OL].（2017-09）[2018-07-18].http://www.cesi.cn/images/editor/20170913/20170913114540317.pdf.

[5] 工业和信息化部，财政部.智能制造发展规划（2016-2020年）：工信部联规[2016]349号[A/OL].（2016-12-08）[2018-07-18].http://www.miit.gov.cn/n1146295/n1146562/n1146650/c5406111/content.html.

[6] 国务院.国务院关于印发《中国制造2025》的通知：国发[2015]28号[A/OL].（2015-05-08）[2018-07-18].http://www.gov.cn/zhengce/content/2015-05/19/content_9784.htm.

[7] 国务院.国务院关于深化制造业与互联网融合发展的指导意见：国发[2016]28号[A/OL].（2016-05-13）[2018-07-18].

http://www.gov.cn/zhengce/content/2016-05/20/content_5075099.htm.

[8] 国务院.国务院关于深化“互联网+先进制造业”发展工业互联网的指导意见[A/OL].（2017-11-19）[2018-07-18]. http://www.gov.cn/zhengce/content/2017-11/27/content_5242582.htm.